ADRA

i'r Wltras

ADRA

Byw yn y Gorllewin Cymraeg

SIMON BROOKS

Argraffiad cyntaf: 2018

Mae'r llyfr hwn yn weithgarwch yr ymgymera'r awdur ag ef fel dinesydd preifat, ac nid yn rhinwedd ei swydd fel cynghorydd.

Dymuna'r cyhoeddwyr gydnabod cymorth ariannol Cyngor Llyfrau Cymru.

Llun y clawr: Simon Brooks
Cynllun y clawr: Robat Gruffudd

Rhif Llyfr Rhyngwladol: 978 1 78461 574 1

Cyhoeddwyd, rhwymwyd ac argraffwyd yng Nghymru gan
Y Lolfa Cyf., Talybont, Ceredigion SY24 5HE
gwefan www.ylolfa.com
e-bost ylolfa@ylolfa.com
ffôn 01970 832 304
ffacs 832 782

Mae pob cymeriad a digwyddiad yn y llyfr hwn yn ddychmygol, a chyd-ddigwyddiad yw unrhyw debygrwydd i bersonau a chymunedau, byw neu farw. Dychmygol i Lywodraeth Cymru ydi Gwynedd i gyd.

I have written a book about one year in the history of one Welsh town. I have written it because I think this one moment worth re-possessing, not only in its own right, but because of its possible meaning ...

Gwyn Alf Williams, *The Merthyr Rising*

Cydnabyddiaeth

Bu 2017–18 yn flwyddyn anodd am rai rhesymau na nodir yn y llyfr. Yn sgil salwch, bu Cyngor Tref Porthmadog heb Glerc am chwe mis. Carwn ddiolch i'r Cynghorydd Carol Hayes, y Cynghorydd Selwyn Griffiths a'r Cynghorydd Alwyn Gruffydd yn enwedig am eu cefnogaeth yn ystod y cyfnod hwnnw a oedd yn neilltuol brysur. Bûm innau hefyd yn sâl yn ystod misoedd Tachwedd a Rhagfyr. Carwn ddiolch i Mike Sullivan a Helen Mary Jones, Cyfarwyddwr a Dirprwy Gyfarwyddwr Academi Morgan, Prifysgol Abertawe, am eu cefnogaeth ddiwyro.

Diolch i Richard Glyn Roberts, unwaith eto, am ei gymorth. Diolch hefyd i Meinir Wyn Edwards, Robat Trefor, Lefi Gruffudd a Robat Gruffudd yng ngwasg y Lolfa. Roedd swyddogion, cefnogwyr a chwaraewyr Clwb Pêl-droed Porthmadog yn barod iawn eu cymwynas. Cafwyd croeso yr un modd gan y pymtheg clwb y bu i mi ymweld â nhw yn ystod y tymor. Diolch i bob un ohonynt, a dyma ddymuno'n dda i Glwb Pêl-droed Caernarfon yn ystod eu blwyddyn gyntaf yn ôl yn Uwch-gynghrair Cymru.

Ond yn bennaf oll, diolch i bobol Port.

Cynnwys

Rhagair

Pan symudais at fy rhieni i Borth-y-Gest ger Porthmadog yn sgil tor-perthynas a phenderfyniad fy nghyn-gymar i ymgartrefu efo'r plant yng Ngwynedd – dylwn bwysleisio fy mod yn deall ac yn cefnogi'i phenderfyniad – roedd nifer o bethau'n rhwym o ddeillio o hyn. Un oedd y byddwn maes o law yn ildio fy swydd ym Mhrifysgol Caerdydd er mwyn bod yn nes at y plant; un arall oedd nad oeddwn yn debyg iawn o gael swydd academaidd arall yn sgil y wasgfa ar brifysgolion wedi chwalfa ariannol 2007. Roeddwn yn debyg felly o wynebu cyfnod hir o ddiweithdra. Ond doeddwn i ddim yn hollol brudd. Mae fy nheulu ar ochor fy mam yn hanu o Ddwyfor, ac ar ochor tad fy nhad o Flaenau Ffestiniog, ac roeddwn yn edrych ymlaen at fyw yng Ngwynedd.

Am rai blynyddoedd, roeddwn ar ymyl bywyd Porthmadog. Byddwn yn bwrw amser yng nghwmni fy mhlant, fy nghariad a ffrindiau da mewn rhannau eraill o Wynedd. Ond daeth y garwriaeth i ben a threuliwn fwy o amser ym Mhorthmadog. Doeddwn i ddim yn nabod neb yn Port. Deuthum serch hynny yn rhan o'i bywyd, a hynny mewn dau beth sydd wedi bod yn bwysig i mi: gwleidyddiaeth a phêl-droed.

O ran y politics, deuthum yn gynghorydd tref dros Borth-y-Gest yn 2015. Pan cyhoeddodd Llywodraeth Prydain y byddai'n symud swyddfa dreth Porthmadog i Gaerdydd, mi geisiais lywio ymateb gwleidyddol o feinciau cefn y Cyngor Tref. Fe'm hetholwyd yn Gadeirydd Cyngor Tref Porthmadog ym mis Mai 2017 efo un eitem yn unig ar fy agenda, sef sicrhau fod yr ymgyrch yn cael ei hennill. Cyhoeddwyd fis Gorffennaf fod y Llywodraeth am wneud tro pedol ac y byddai'r swyddfa dreth yn aros yn Port.

O ran pêl-droed, roeddwn yn gefnogwr selog yn fy arddegau

i glwb pêl-droed cymunedol yng nghynghrair de-ddwyrain Lloegr. Ddiwedd 2014, dechreuais ddilyn Clwb Pêl-droed Porthmadog o ddifri gan fynd i bob gêm gartre ac oddi cartre. Gallwn felly adnabod y dre a'i phobol yn well: tre pêl-droed ydi Porthmadog, a'r clwb pêl-droed ydi ei sefydliad pwysicaf. Roedd hefyd yn cynnig cyfle i mi dreulio amser efo fy mab oedd yn rhy ifanc i ddod ar y tripiau yr awn arnyn nhw efo fy merch. Digwyddai'r cwbl mewn cyd-destun cymdeithasol yr oeddwn yn gyfarwydd ag o, ac a oedd hefyd yn Gymraeg.

Hanes dilyn Clwb Pêl-droed Porthmadog a'i gefnogwyr am un tymor, 2017-18, wrth geisio cael dyrchafiad i Uwch-gynghrair Cymru ydi cynnwys y llyfr hwn. Nid oedd yn flwyddyn fawr yn hanes clwb pêl-droed y Port, ond gobeithio nad yw hynny'n mennu ar y stori gan mai'r nod wrth ddilyn y daith ydi sôn am lawer mwy na phêl-droed.

Hanes un flwyddyn mewn un dref sydd yma. Ac nid llyfr am un dref ychwaith gan fy mod ar sail profiadau ym Mhorthmadog yn ceisio dweud hanes y gorllewin Cymraeg i gyd. Mae'n llyfr am Aberteifi a Machynlleth ac Amlwch. Am Ddolgellau a Phwllheli a Llandysul. Llyfr amdanon ni – wel, y rhai ohonon ni sydd ar ôl, beth bynnag – yn y gorllewin Cymraeg.

Wrth gwrs, mae'n llyfr am bêl-droed hefyd. Llyfr am Glwb Pêl-droed Porthmadog yn amlwg, ond yr un yw'r ethos ar derasau Caernarfon, Bangor, Aberystwyth a Chaerfyrddin a phob clwb Cymreig cyffelyb.

Mewn gwlad ddiwladwriaeth fel Cymru, dydi hi'n fawr o syndod fod gan chwaraeon – rygbi yn y de, a phêl-droed yn nhrefi ffwtbol y gogledd – le pwysig ym mywyd y bobol. Wedi'r cwbl, y Cymry eu hunain sy'n rheoli'r ddwy gamp. Dydyn nhw ddim yn cael rheoli fawr ddim arall. Ac felly, er bydd pawb yn honni'n wahanol (am mai perthynas tad a mab ydi peth o gefndir y llyfr hwn), nid *Fever Pitch*, y cronicl enwog o obsesiwn pêl-droed un o gefnogwyr Arsenal, ydi'r ysgogiad. Mae hwnnw'n Seisnig iawn yn ei bwyslais ar yr unigolyn, gan na fedr sôn am berthynas â chymdeithas a chymuned a ffordd o fyw sydd mewn argyfwng.

Cymhelliad y llyfr hwn ydi hynt a helynt cymdeithas sy'n cael ei gorthrymu. Y clasur yn y maes hwnnw ydi *Beyond a Boundary* C. L. R. James. Cricedwr go lew oedd James, a hanesydd Marcsaidd o'r iawn ryw – ystyrir ei gyfrol *The Black Jacobins* am wrthryfel pobol dduon Haiti wedi'r Chwyldro Ffrengig yn glasur hefyd. Yr academydd cricetgar hwn yw Gwyn Alf Williams y Caribî ac mae *Beyond a Boundary* yn trafod criced o safbwynt gwrthsafiad ar sail cenedl a dosbarth yn erbyn imperialaeth Brydeinig. Ymhellach, mae criced yn crynhoi cyfyngderau a gobeithion a thyndra mewnol y Caribî.

Ond nid oes cymdeithas heb bersonau, ac mae'r seicolegol yn bwysig o safbwynt dadansoddiad ohoni. Rwy'n cytuno ag Ernest Jones, y Cymro a oedd yn ffrind i Freud, fod dehongliad seicdreiddiol o fywyd mewnol y Cymro Cymraeg yn ymateb priodol i'r cyd-destun ôl-drefedigaethol. Ac felly datgelir rhywfaint ar ofnau'r awdur ei hun wrth fynd i'r afael â'i brofiadau fel dyn dŵad yn y Port. Yr ysbrydoliaeth yw almanac seicolegol o'r 1950au gan Pennar Davies, Prifathro Coleg Coffa'r Annibynwyr, *Cudd fy meiau: Dyddlyfr enaid*.

Daw teitl hwnnw o linellau enwog Pantycelyn:

> Cudd fy meiau rhag y werin,
> Cudd hwy rhag cyfiawnder ne'.

Fel pawb, greddf Pennar Davies ydi cuddio ei wendidau rhag y byd ond yn *Cudd fy Meiau* mae'n eu datgelu am mai dim ond felly mae tystio i ffaeledigrwydd dyn yn nheyrnas Duw. Er [illegible] llyfr [illegible] sydd gen i, rwy'n gweld hefyd yr angen am archwiliad eneidiol. Fy meiau i fy hun yn gymaint â beiau neb arall a ddatgelir yn y llyfr hwn.

Yn ddiweddar, mi aeth yn boblogaidd i gymysgu ffaith a ffuglen mewn gweithiau creadigol. Dyna, efallai, ydi hanes y nofel Gymraeg erioed. Mae ein sefyllfa mor chwerthinllyd, mae ffaith yn rhyfeddach na ffuglen. Ond ers blwyddyn neu ddwy, er enghraifft yn *Ymbelydredd* Guto Dafydd, bu awduron yn cyflwyno eu bywydau eu hunain fel ffuglen. Yn yr un modd, ysgrifennwyd beirniadaeth lenyddol fel ffuglen megis yn *'Pe gallwn, mi luniwn lythyr'* Rhiannon Marks sy'n cynnal gohebiaeth ddychmygol â'r bardd Menna Elfyn.

Mae'r gyfrol hon yn ceisio cyflwyno elfen storïol i astudiaeth o gymdeithas Gymraeg. Mewn astudiaethau cymdeithasegol arferol mae anthropolegydd yn eistedd mewn swyddfa yn ei brifysgol – yn Aberystwyth, Bangor neu Gaerdydd, neu'n waeth fyth yn Rhydychen, Illinois neu Gaerfaddon – heb ei fod yn ymweld â gwrthrych ei astudiaeth, tref Gymraeg yn yr achos hwn, ond yn ysbeidiol, os o gwbl. Er hynny, mae'n ddigon rhyfygus i hel gwybodaeth amdani trwy ddulliau 'gwrthrychol', 'gwyddonol' megis ffurflenni cwestiwn ac ateb, a grwpiau ffocws, ac ar sail hyn mae'n dweud wrth yr 'Anytown' bethau na wyddai amdani'i hun.

Mae ymarferion ystadegol neu anthropolegol o'r fath yn sylfaenol dwyllodrus. Dydi'r ymchwilydd byth yn niwtral, ac yn ein byd ôl-fodern, neo-ryddfrydol mae'r cywair academaidd hwn yn tanseilio'r Gymru Gymraeg. Yn ei bwyslais ar hybridedd dwyieithrwydd, daw i'r casgliad nad ydi cymunedau Cymraeg yn bod, sy'n ganfyddiad cyfleus iawn i'r gwleidydd nad yw o ganlyniad yn gorfod buddsoddi yn y cymunedau hyn.

Honiad mawr y llyfr hwn ydi fod Porthmadog Gymraeg yn bodoli. Oherwydd y tro diwethaf i mi sbio arni o ben Bryn Coffa, roedd Port i gyd yno; ei phoblogaeth yn dlawd a'r rhan fwyaf yn siarad Cymraeg.

Dywed yr academyddion neo-ryddfrydol fod modd i'r Gymraeg fyw heb gymunedau Cymraeg. Ond ewch i'r Dref Gymraeg ac mi welwch fod yr iaith yn diffinio'r gymdeithas mewn ffordd nad yw'n wir am lefydd mwy Saesneg. Mae'r ddau gant o 'siaradwyr Cymraeg' sy'n gwylio Clwb Pêl-droed Porthmadog bob wythnos wedi creu bydysawd Cymraeg cyfan, ond dydi hynny ddim yn wir am y ddwy fil o 'siaradwyr Cymraeg' sy'n mynd i gemau Clwb Pêl-droed Caerdydd.

Gwelwn felly fethiant yr astudiaethau meintonol hynny sy'n awgrymu nad oes gwahaniaeth o ran ansawdd rhwng bywyd Cymraeg Porthmadog a bywyd Cymraeg Caerdydd, heblaw am y ffaith fod yr olaf yn derbyn gymaint yn fwy o nawdd cyhoeddus.

Yn ei ymateb i argyfwng cymdeithasol y gorllewin Cymraeg, mae'r llyfr hwn am dystio i realiti cymunedau y gwedir eu bodolaeth. Mewn cyd-destun trefedigaethol fel un y broydd Cymraeg, mae'n annog defnyddio gwybodaeth 'leol' – 'gwybodaeth frodorol' – i oleuo gwirioneddau mae'r ysgolhaig 'gwrthrychol' yn eu hanwybyddu.

Mae'r teitl 'Adra' yn cymell y darllenydd i ofyn 'Ble mae adra?' Mae rhywun yn 'mynd adra' wrth gwrs, a hwyrach fod yr ymdeimlad o symud sydd yn ymhlyg yn yr ymadrodd yn cyfleu awgrym o ansefydlogrwydd yn ogystal â phreswyliad. Roedd hyn yn sicr yn wir amdana i fel dyn dŵad, ac yn sgil Seisnigo, ys gwn i a yw'n wir am y Cymry yn gyffredinol? Mae'r Cymry, pe credem yr athronydd Cymraeg, J. R. Jones, yn ddieithriaid yn eu gwlad eu hunain.

Pan ddychwelais i'r byd academaidd yn sgil fy mhenodi yn Athro Cyswllt yn Academi Morgan, Prifysgol Abertawe, ar ôl cyfnod hir o fyw ar y dôl a gwneud gwaith rhan-amser, sylweddolais fod y byd yr hoffwn ei astudio wrth fy nhraed. Roeddwn yn byw yn y labordy. Roeddwn yn byw yn y Dref Gymraeg. Cerddwn ei strydoedd. Yfwn yn ei chaffis ac yn ei thafarndai. Ar ddydd Sadwrn, awn yn ddi-ffael efo fy mab i weld arwyr y Traeth. Yn Gadeirydd ei Chyngor, roedd yn teimlo ar adegau fel pe bawn yn gwybod hanesion y dref i gyd. Pwy mewn sefyllfa o'r fath na fyddai'n bwrw cildrem arni?

Felly, ar ddydd Sadwrn ola Steddfod Môn, efo'r tymor pêl-droed ar gychwyn, hangofyr o'r noson gynt a'r hen anghysur yn fy nghoesau, mi ddeffrais i yn ymyl Gwion Owain o Glynnog Fawr, hercio o'r babell at y car, rhoi Yws Gwynedd ymlaen a'i 'nelu hi am y Dref Gymraeg. Ei 'nelu hi am Port. Ei 'nelu hi am y Traeth.

Simon Brooks
Porthmadog
Mehefin 2018

1

C'mon Port!

Cynghrair y gogledd, Awst 12
Port 2:0 Gresffordd

MAEN NHW'N DEUD mai'r Traeth ydi'r cae pêl-droed dela yng Nghymru, ac mae'n wir, o'r ffordd osgoi, gei di weld y Cob, y Cnicht a'r Wyddfa. Wnân nhw byth symud y rhain i Gaerdydd. A'r Traeth ei hun wrth gwrs, y gwlyptir eang a'i wastededdau'n ymestyn o Aberglaslyn i gwr Porthmadog. Pan oedd y Traeth Mawr yn aber o dwyni a moroedd cyn codi'r Cob yn 1811 mae'n rhaid ei fod yn un o ryfeddodau Ewrop; y dŵr yn mynd at ganol Eryri. Colli hyn oedd y pris a dalwyd i godi tref fechan Porthmadog yng nghanol môr a thywod a mwd; yn dir neb rhwng sir Gaernarfon a sir Feirionnydd, a thref sydd, hyd heddiw, yn fan cyfarfod Cymreictod Llŷn ac Eifionydd a Seisnigrwydd mwy amrwd y glannau sy'n ymestyn am Ardudwy a'r Bermo a Thywyn a thu hwnt, a'r ddau gerrynt yn cystadlu â'i gilydd am oruchafiaeth.

Ar y Traeth mae cae pêl-droed Clwb Pêl-droed Porthmadog. Y Traeth ydi ei enw. Wn i ddim ai del ydi'r ansoddair gorau i ddisgrifio'r olygfa ohono chwaith. Mae'r ffordd osgoi yn fur amddiffynnol rhwng y Traeth a'r 'Port', ac yn Edwardaidd ei maint. Mae'r cefnogwyr yn ei beio am ddargyfeirio llif y dŵr ar y Traeth (yr aber), nes bod y Traeth (y cae pêl-droed) yn wynebu llifogydd yn y gaeaf na wynebid mohonynt cynt. Ond dydi hi ddim mor uchel â hynny, a thros y mur, mae Moel-y-Gest yn codi ei phen. Tydi Porthmadog ei hun ddim yn y golwg, ond edrycha'r ffordd arall, ac o leia mae'r Moelwyn Mawr a'r Moelwyn Bach i'w gweld, yn wyn weithiau dan eira, tra bod y cwm bach uwchben y lôn rhwng Tremadog a Phrenteg yn sbecian arnom efo'i wyrddni annisgwyl ynghanol brownrwydd caregog y tir mwy mynyddig o'i gwmpas.

Wrth gyrraedd, 'dan ni'n dilyn y rwtîn. Tynnu allan pàs Junior a phàs Senior, a dangos y ddau wrth y tyrnsteil ar y ffordd i mewn. Ni sydd wedi'u cyfieithu, a dyma'r unig docynnau tymor Cymraeg yn y byd. Byddai Dylan Rhos-lan wedi'n gadael ni i mewn hebddyn nhw, ond mae'n braf eu dangos yr un fath. A01 ac A02. Yn bresennol, syr!

Prynu dau dicad raffl ('dan ni byth yn ennill dim byd), siarad efo'r criw sy'n hel wrth y giât fel gwenyn, nôl rhaglen, ac yna croesi'r Traeth ar hyd y teras isel sydd ar ochor Tremadog o'r cae. Cerdded wedyn ar hyd yr ochor sydd gyferbyn â'r prif eisteddleoedd ac yno, wrth y llinall hannar, mae hen gantri teledu, sy'n atgof o ddyddiau'r clwb yn y Welsh Prem, yn datgymalu'n braf. Rwyt ti'n camu dros raff las sydd yno i rwystro plant rhag mynd ar risia sydd wedi pydru, ac yn mynd ar y grisia, ac yn dringo i'r pen. Dwi'n dy ddilyn, a'r poen pŵl yng nghyhyrau fy nghoesau yn dweud wrtha i fod pris i'w dalu am gyrchu'r nefoedd. Does fawr o ddefnydd ar y gantri'r dyddia yma gan na fydd y camerâu yn ymweld ag ail adran (ranbarthol) pêl-droed Cymru, cynghrair y gogledd, cynghrair Porthmadog.

Mae'r uchelseinyddion yn blastio un o ganeuon Jarman ar draws y maes. 'Dan ni'n cydio yn yr hen *fittings* haearn sy'n rhwymo'r sbîcars wrth waelod y llwyfan deledu, ac yn clymu ein rhaffau wrthyn nhw. Mae'r gantri'n hwylbren cydnerth yn yr awel. 'Dan ni'n hongian dy fflag o'r uchelfannau fel bod modd ei gweld o bedwar ban traeth, y Ddraig Goch anferth efo 'CPD Porthmadog' uwch pen y ddraig, ac o dan ei chrafangau, 'Hogia Ni'. Daw'r chwaraewyr i'r cae. Rwyt ti'n disgyn o'r nefoedd, a dwi'n dy ddilyn, a 'dan ni'n ei hel hi am y Quarry End, pen chwarel Minffordd, ac yn sefyll ymysg y seddi sydd wedi'u torri'n gonffeti gan ymarferion saethu sesiynau hyfforddi. Yma, tuag aton ni sydd y tu ôl i'r gôl, y bydd Porthmadog yn ymosod yn ystod hanner gynta'r gêm.

Yno byddwn yn cadw twrw. Nid llyfrgell ydi cae pêl-droed i fod, ac os am gystadlu â chynghreiriau Lloegr, mae'n rhaid i'r gêm gynnig adloniant i'r ifanc, ac mae gan y dorf ei chyfrifoldeb hefyd. Dwi ddim yn meddwl y byddai neb yn dweud mai ni ydi'r criw mwya o *Ultras* yn y gogledd (mae'r Cofis yn licio hawlio'r teitl yna iddyn nhw eu hunain), ond 'dan ni'n trio ein gorau glas, ac yn llafarganu yn Gymraeg (a tydi'r Cofis ddim yn gwneud hynny), ac mae'r Port Ultras, Wltras Port, yn dal eu tir yn gadarn iawn, hyd yn oed efo dim ond un academydd canol oed a hogyn naw mlwydd a thri chwarter yn gweiddi.

Dwi'n cofio mewn gêm fwdlyd rhwng Fflint a Phorthmadog, chydig dymhorau'n ôl, pan gafodd Porthmadog *fight back* nodedig iawn, i ni gadw'r siant 'C'mon Port!' i fynd am y rhan fwya o'r ail hanner; finna a chditha am yn ail. Nid y siant fwyaf soniarus, ond fel mae emyn yn debyg i bob emyn arall, a charol i garol, a sianti môr i sianti môr, siant ydi siant. Heddiw, yng ngêm gynta'r tymor newydd, a ninna fymryn yn swil, 'dan ni'n 'C'mon Port'-io Porthmadog i fuddugoliaeth anhaeddiannol dros Gresffordd.

Mae i'r siant, 'C'mon Port' ryw wirionedd mawr. Gair Saesneg ydi Porthmadog. Port ydi'r gair Cymraeg iawn. Yn aml, bydd negeseuon dwyieithog ar hysbysfyrddau electronig y dref yn dweud rhywbeth tebyg i hyn: 'Cofiwch ddod i'r diwrnod cefnogi ffoaduriaid yn Port ddydd Sadwrn. Remember to come to the refugee support day in Porthmadog on Saturday.' Yn y Gymraeg, dim ond un enw sydd ar y clwb bychan hwn wrth i ni ganu am gariad o'r terasau.

2

Sant Jeremy o Corbyn

Cynghrair y gogledd, Awst 19
Cyffordd Llandudno 1:7 Port

MYND EFO WLTRAS Port i Landudno. Nid Llandudno ei hun, cofia, ond Cyffordd Llandudno: Junction. Does dim ffordd well o weld cymunedau'r gogledd na dilyn pêl-droed. Bryd arall fyddai unrhyw un yn ymweld â Bwcle neu'r Wyddgrug neu Gegidfa – a bod yno am y dydd, yn bwyta yn y bwytai, yn yfed yn y tafarndai? Pwy heblaw am gefnogwyr pêl-droed, a chanfaswyr pleidiau gwleidyddol, sy'n ymweld â'r llefydd hyn? Mae fatha mynd i'r Steddfod yn y dyddiau hynny cyn i'r yfed fudo i'r maes. Mae perfeddion cymuned wedi'u taenu o'ch blaen. A ninnau'n pigo ar yr iau a'r stumog a'r galon.

Mor wahanol ydi Junction i Landuds, hefo'i hysblander

Fictoraidd dirywiedig a'i phobol ddŵad. Ar gae Clwb Pêl-droed Llandudno cyn eu dyrchafiad i'r Welsh Prem oedd un o'r ychydig adegau i ni gael ein dilorni am siarad Cymraeg, a holaist ti lle oedd Clandydnow, a pham nad oedd y plant yn medru dweud enw'r dref lle roeddan nhw'n byw. Ond cymuned ddosbarth gweithiol heb fod ond milltir neu ddwy y tu hwnt i ffin y Gymru Gymraeg ydi Junction, ac yng nghanol lonydd sbageti yn mynd i bob cyfeiriad, *multiplex*, archfarchnadoedd a thafarndy Marston's mae yma lawer o nodweddion y Gymru honno: cynghorydd Plaid Cymru, ysgol ddwyieithog newydd, a chapel Cymraeg wedi cau.

Gellid gwneud sioe o'r gwahaniaeth iaith, wrth gwrs. Yn ei adolygiad o'r gêm ar y dudalen ffêsbwc, 'Non League Grounds of England Wales & Scotland', mae'r *groundhopper*, Simon Moffatt, yn dweud: 'It's the first game in Britain I've been to where the away fans spoke a different language to the home fans (insert your own joke about rivals here)'. A gwir y gair, Cymraeg at ei gilydd ydi iaith Wltras Port, a Saesneg at ei gilydd bia hi ymysg cefnogwyr Junction. Ond 'at ei gilydd' ydi pob dim yn yr hen fyd 'ma achos os sbïwch yn graff ar The Maurice Naylor Stand yng nghae Junction, mi welwch fod geiriau Dafydd Iawn 'Yma o Hyd' wedi'u peintio arno.

Mae'r *groundhopper* yma am mai hwn ydi'r diwrnod pwysica erioed yn hanes CPD Cyffordd Llandudno, eu gêm gynta yn ail reng pêl-droed Cymru yn dilyn eu dyrchafiad o gynghrair y Wynedd Fawr, lle buon nhw'n cadw cwmni i fawrion gêm y gogledd-orllewin fel Llanrwst, Bermo, Llanbêr, Llanrug, Penrhyn a Nantlle Fel. Ond mewn perfformiad claidd o greulondeb hogia mawr tuag at hogyn newydd, eiddil ar ei diwrnod cynta yn yr ysgol fawr, mae Port yn rhoi saith gôl heibio Junction.

'Top of ddy lîg', medda fi wrth Tommie – 'Cymro Port', sydd wedi troi allan yn ddestlus iawn, fel bob tro, mewn dillad *casual*, cap pêl-fas, a chrys siec wedi'i fotymu hyd at y botwm ucha. Datblygiad o ffasiwn Mods ydi'r chwaeth *casual* 'ma, ac efo clybiau sgwters a Northern Soul yn rhan mor greiddiol o is-ddiwylliant Port, mae'n dangos fod Port yn glwb mawr, soffistigedig.

Ond yn y byd tu allan, nid hogia Port ydi'r hogia mawr, wrth gwrs. Y prynhawn hwnnw, mae Jeremy Corbyn wedi bod yn annerch torf o ddwy fil ym Mangor, ac mae Ieuan yn sôn wrtha i am y cyffro ym Maesgeirchen, stad cownsil mae'n ei hadnabod yn dda, a 'dan ni'n trafod y bygythiad i sedd seneddol Arfon.

Fel petai eisiau profi pwynt, mae Dave yn cyrraedd yn hwyr am ei fod wedi bod ym Mangor yn gwrando ar Corbyn. Yma, yn ein bybl bach o Gymreictod peldroediol, gallwn deimlo'n ddigon diogel, ond mi wn fod y cwbl yn llithro o'n gafael. Mae Brexit ar y gorwel, mae ymosodiadau ar y Gymraeg yn cynyddu, ac mae Corbyn, fel yr unoliaethwr Seisnig gweriniaethol arall hwnnw, Oliver Cromwell, ar gyrch i'r gogledd fel rhyw Lord Protector of the Commonwealth of England. Neu hwyrach mai gweledydd ydi o fel Blake. *And did those feet in ancient time walk upon Snowdonia's mountain green?*

'For the many not the few' ydi slogan Corbyn ym Mangor, ond esiampl clodwiw o'r ychydig ydi'r Cymry Cymraeg. Mae gweriniaethwyr am lywodraethu yn enw'r werin, ond y cwestiwn bob tro ydi 'gwerin pwy?' Gallai gweriniaetholdeb Seisnig droi yn erbyn buddiannau lleiafrifoedd fel y Cymry yn sydyn iawn. Dwi'n cael pwl o eisiau amddiffyn Guto Bebb, Aelod Seneddol Cyffordd Llandudno, rhag y Gorbyniaeth wirion yma hefyd – y Tori Cymraeg o Gaernarfon fu'n gymaint o help i ni yn Port yn ein brwydr i gadw'r swyddfa dreth ar agor. Buasai Corbyn yn Llandudno hefyd, yn siarad yn ei erbyn o.

Ond wedi i Dave gyrraedd ar ôl ei ymweliad seithug â Bangor, mae Port yn cael chwech gôl arall, a dwi'n gwybod bydd popeth yn iawn.

3

Jobseeker's Allowance

Cynghrair y gogledd, Awst 23
Port 2:3 Caernarfon

MAE PORT-GNARFON YN jamborî. Steddfod ffwtbolers. Mae'r Traeth yn pacd. Mae'r Cofi Army yn troi i fyny. Mae hanner Llŷn ac Eifionydd yn troi i fyny. Mae 'nhad yn troi i fyny. Mae'r boi sy bia'r tŷ ha drws nesa yn troi i fyny. Rwyt ti'n dychwelyd o dy wyliau efo dy fam ger Abersoch i droi i fyny. Mae pob diawl yn troi i fyny yn gemau Port-Gnarfon, ond CPD Porthmadog.

Dim ond un rheol sydd i'r darbi rhwng Port a Gnarfon. Bydd Port yn colli. Fel arfer o un gôl. Fel arfer yn y funud ola. Mae goli Port, Harvey, wedi deud wrthyn ni nad oes dim gwraidd seicolegol i'r rhediad anhygoel o sâl mae Port wedi'i gael ers curo Caernarfon ddiwetha ar y Traeth yn 2008 ond 'dan ni ddim yn ei goelio.

'Dan ni yn y Quarry End efo Dyl, Mogs, Young Rhydian, 'nhad a'r hogia, mae'r gêm newydd gychwyn, y plant heb setlo, finna heb setlo, ac yna'n hollol ddirybudd mae Cai Borth yn taro bollt o ddeunaw llathen i mewn i gornel gôl y Cofis fel sy'n digwydd yn y fideos 'na pan mae'r bêl yn mynd i mewn i rwyd fel saeth i ochr anifail, yn sydyn, a'r goli heb symud dim. Mae'n bandemoniwm yn y Quarry End. Plant yn disgyn dros ei gilydd, hen ddynion yn dyhefod wrth geisio tynnu eu gwynt, dy *air horn* ar goll, finna'n bangio ochor y cwt sinc fel dyn ynfyd. Mae Cai yn cyrlio i mewn tuag atom ryw fymryn, ac yna'n tacio cyn ei 'nelu hi mewn llinell syth am fainc Port a thragwyddoldeb.

Yn yr ail hanner, ar ôl i Gnarfon ddod yn gyfartal yn dilyn camgymeriad dwl, 'dan ni ar y blaen unwaith eto. Rhediad unigol gwych, a shot i mewn i ben eitha isa'r gôl. 2–1 Port. Plant a tships a diod *fizzy* dros y lle i gyd. 2-2 o'r smotyn wedyn, a'r gêm yn cordeddu tua'i diwedd anochel pan mae Darren Thomas, y Cofi Messi, ymhell iawn i mewn i Cofi Time, yn y funud ola, yn mynd rownd ei ddyn ar y dde ac yn ei rhoi hi heibio Harvey o hanner ffordd y tu fewn i'r bocs. Wrth gwrs, mae chwaraewyr Gnarfon i mewn i'r dorf, a'r Cofi Army ar ben y wal, ac un neu ddau yn deifio mewn i'r cae fel tasa hi'n gala nofio, ac yna mae'r reff yn meddwl tybed ai deg neu bymtheg eiliad sy ar ôl ac mae'n chwythu'r chwiban deirgwaith a 'dan ni'n sefyll yn stond y tu ôl i'r gôl heb symud dim.

Mae cefnogwyr Port yn mynd heibio heb ddeud gair, yn hogia Llithfaen a pherchnogion tai haf a chynghorwyr Llais Gwynedd, a dwi'n sefyll yno a neb yn deud gair. 'Dan ni'n ceisio gwneud sioe go lew ohoni yn y *clubhouse* wedyn trwy fynd at Nathan Craig, capten Caernarfon, sy'n dy hyfforddi yn yr ysgol. 'Mr Port' ydi enw Nathan arna chdi, ac fel hyfforddwr mae'n rhagorol, ac yn ardderchog efo plant hefyd, ac er dy fod yn gyndyn am dy fod yn meddwl dy fod yn fradwr, dwi'n tynnu llun ohonoch chi efo'ch gilydd, fo yn ei dracsiwt Cofi, a chdi yn dy grys Port.

Ond y noson honno, ar ôl mynd efo chdi yn ôl i dy ffermdy unnos yn Llŷn, mae'r dorau'n agor. Y boen a'r annhegwch a'r chwerwder a'r casineb a'r hunan-gasineb. Dwi wedi stopio yn Zinc, y dafarn-sydd-eisiau-bod-yn-fwyty wrth y cei yn Abersoch, sy'n llawn Saeson ar eu gwylia o Swydd Gaer, a'r staff hefyd mae'n ymddangos; bar bwtîc wedi glanio o Zakynthos, neu rywle tebyg.

Yng ngwyll golau isel a byrddau metel, mae golau'r ffôn yn fy nhynnu i ganol ffrae ddi-fudd ar ffêsbwc, a'r cam ofnadwy byddai pobol mewn rhannau eraill o Gymru yn ei gael pe bai'r gorllewin yn cael rhyddid mewn materion fel cynllunio tir a datblygu economaidd. Wrth gwrs, does gan y bobol yma, sy'n byw mewn tai £300,000 yng Nghaerdydd ac yn gweithio i'r wladwriaeth, ddim syniad sut beth ydi cymuned Gymraeg yng Ngwynedd, er eu bod yn meddwl eu bod yn gwybod hynny am iddyn nhw gael eu magu yma. Swyddi *minimum wage*, genod yn cymryd chwe wsnos o ddôl yn y cyfnodau tawel rhwng Dolig a chanol Chwefror, hanner merched Dwyfor a Meirionnydd yn ennill llai na'r cyflog byw a hanner y rheini'n gweithio mewn caffis, y cywilydd fod yn y broydd Cymraeg gwledig y cyfloga isa trwy Brydain cyfan. Does dim diweithdra yma, meddan nhw, ond beth ydi allforio pobol ifanc ond allforio diweithdra?

'Dan ni'n bwydo ein pobol ifanc i'r Minotaur yng Nghaerdydd. 'Dan ni'n cystadlu yn erbyn y broydd Cymraeg eraill mewn fersiwn Gymraeg o *The Hunger Games*, a'n plant ydi'r offrwm. Coloni ydan ni. Coloni i'r Saeson erioed a rŵan yn goloni i 'Gdîdd'.

Cael gwared o'r Cynulliad, ac mi wneith y Toris dynnu oddi arnon ni bob dim fu gynnon ni erioed, a gawn ni ein troi'n Saeson. Cadw'r Cynulliad, ac mi wneith y sefydliad yn Gdîdd symud pob swydd o statws a dylanwad sy yn y gogledd-orllewin, a'n gwneud ni'n drefedigaeth. Maen nhw isio rhoi popeth yn Gdîdd, o lys Llywelyn Fawr i'r corff sy'n gofalu am ei gestyll, popeth ond gwastraff niwclear Wylfa a Traws. Mae hyd yn oed ein beirdd gwlad 'di mynd i Gdîdd.

Mi wnaeth cân Rodney 'Talu Bils' argraff fawr arna i pan glywais i hi am y tro cynta. A finna ar y dôl yn Port, roedd yn cyfleu holl seithugrwydd gwneud-dim-rwydd dynion di-waith canol oed, a'r ddelwedd 'na o Rodney yn gaeth yn ei fflat yn Stiniog yn poeri bustl ar y *keyboard* a rhyw fag plastig truenus yn ei wylio o'r gongl wedi'i serio arna i fel llosg. Ond i bawb arall roedd y gân yn jôc, yn gyfle i gymryd y *piss*, ac roedd pawb yn cymryd y *piss*, ond coelia di fi, does dim hwyl mewn bod yn rhy hen, neu'n rhy dlawd, neu efo gormod o blant, i fedru symud i Gdîdd.

> ond ma'n iawwwwn...
> dwi'n cael Jobseeker's Allowance

Llechwadd, Portmeirion a Greenacres. Dyna sy'n cael eu henwi yn y gân. Blaenau, Penrhyn a Port.

Pobol sy'n byw yn Gdîdd sy'n gwneud y penderfyniadau am lefydd fel Gnarfon a Port. Maen nhw'n byw yng ngorffennol magwraeth sepia'r pumdegau neu'r chwedegau, neu fagwraeth polaroid y saithdegau neu'r wythdegau. Maen nhw'n gwybod lle mae'r Oval a'r Traeth, ond dydyn nhw ddim yn nabod y chwaraewyr. Doedd y rheini ddim wedi'u cenhedlu pan aethon nhw o 'ma. Dôn nhw adra bum gwaith y flwyddyn i weld mam a mêt ysgol. Mae'n ddigon hawdd eu hadnabod ar y stryd. Maen nhw'n siarad Cymraeg ac yn gwisgo'n well na ni.

Dwi'n ista yma yn Zinc, Abersoch, ddiwedd haf ac yn dychmygu 'mod i'n clywed y Saeson yn swnian am *yachts* a BMWs a thai haf a dillad neis. Concwerwyr Llŷn ac Eifionydd yn sôn am eu Cheshire by the Sea. Ond wrth gwrs tydyn nhw ddim. Jyst yma i fwynhau'r gwylia maen nhw.

4

O nunlle i rywle

Cynghrair y gogledd, Awst 26
Port 1:1 Y Rhyl

'SA'N WELL I mi ista efo'r Port Ultras, basa,' meddai, a dyma fo'n ista i lawr efo ni, a'i fab dyflwydd, Eban, wrth ei ochor yn ei grys Port newydd. Port [illegible] go iawn ydi Yws. Mae Dafydd, ei dad, wedi denu mwy o grantiau i Port na'r Undeb Ewropeaidd, ac yn ogystal â bod yr hogyn clenia a siriola welaist ti ar wyneb daear erioed, yn saer coed, a chanwr Cymraeg, a gynno fo deulu hyfryd, mae Yws Gwynedd wedi chwarae i Port. 'International superstar ac attacking midfielder Port,' chwedl chditha.

Ychydig ar ôl Dolig 2015, ro'n i'n cerdded ar hyd Stryd Fawr Port, newydd fod heibio'r Ganolfan, a chriw o bobol ifanc y tu allan i dafarn yr Awstralia wrth yr arhosfan bysiau yn canu 'Sebona Fi' ar dop eu lleisiau, a dywedodd dy chwaer fod pethau tebyg yn mynd ymlaen yn Brynrefs. Yna wnes i fideo ohonon ni mewn sbectols haul ac yn y coch a du yn cogio sbîdio rownd Black Rock Sands yn y Ford Fiesta. 'Sebona fi (Port Dyb)' wnaethon ni ei alw ac mi gafodd o dros fil o hits. Fel hyn mae dynion di-waith yn treulio eu horiau hamdden.

Dyna ddechreuodd y trend mewn gemau Port oddi cartre o ganu 'O, ma bywyd mor braf!' bob tro byddai Port yn mynd ar y blaen, ac yn enwedig pan fyddai Yws ar y cae. Mi fyddet ti'n ceisio canu'r gân ar ei hyd pan fyddai Port yn ymosod, ond fel arfer mi fyddwn yn colli'r meddiant cyn cyrraedd y gytgan ac yn y diwedd roedd yn rhaid i'r Wltras gyfaddawdu a chanu'r gytgan yn unig. Ond yn fuan ar ôl i ni stwffio Conwy 5-1, yng Nghonwy, a'r gôls fwy neu lai i gyd yn dod yn y chwarter awr ola, a'r Wltras yn codi 'O, ma bywyd mor braf!' yn ddi-baid am y chwarter awr hwnnw, cafodd Yws anaf ac rŵan mae o yma y tu ôl i'r gôl efo'i fab, a Dyl a'i fab, a ni.

Y peth mawr am ddilyn Port ydi'r ymdeimlad o gymuned. Felly mae hi ym mhob clwb pêl-droed tebyg ar hyd y gogledd, mae'n siŵr. Yr hogia o Port a Borth a Morfa a Dre a Pendryn a Minffordd a Cric a Llanstyds a Be'gel a Talsarna a Harlach a Llan sy'n nabod ei gilydd yn well na maen nhw'n nabod y bobol drws nesa. Y gweld cyson ar eich gilydd wythnos ar ôl wythnos. Pan fydd marwolaeth mae munud o dawelwch.

Dywedodd 'gwyddonydd' gwleidyddol yn Lloegr fod modd rhannu pobol y byd gorllewinol yn *nowheres* a *somewheres*. Mae'r *nowheres* yn fflitian o gymuned i gymuned fel pilipalas, yn dilyn tro'r yrfa, yn honni eu bod yn oddefgar o bawb a phopeth. Un o'r *nowheres* ydw i.

Mae'r *somewheres* wedi aros ym mro eu mebyd, i ofalu am glwb ffwtbol neu rali sgwters, lodj y British Legion, neu neuadd bentre. Dyma bobol gul eu golygon a'u gweledigaeth, meddai'r gwyddonydd, yn bwrw eu cas ar bobol ddŵad a Mwslemiaid a merched. Cefnogwyr Farage a Brexit a Trump. Pobol afiach. Pobol hiliol. Pobol sy'n clywed pobol Traws pan mae'r teledu'n deud pobol traws. Mae'r Traeth yn llawn *somewheres*, y bobol ofnadwy hyn sydd wedi byw yn Eifionydd a Meirionnydd ar hyd eu hoes.

Mae digon o gasineb yn Port, wrth gwrs. Dwi 'di gweld y dalennau ffêsbwc sy'n cylchredeg negeseuon Britain First, ac yn rhefru am y *burka*, a phryd welsoch chi *burka* yn Port erioed?

Ond tydw i erioed wedi teimlo bod pobol Port yn anoddefgar chwaith. Dwi'n sbio o gwmpas y Traeth. Mae pawb yn wyn. Does dim llawer o ferched. Does neb byth yn trafod eu rhywioldeb. Ond mae amrywiaeth a chydraddoldeb yma. Saeson ydi'r lleiafrif ethnig lleol, ac maen nhw'n cael croeso ar y Traeth. Does dim rhaid bod yn gyfoethog i wylio Port, na thalu am offer dringo neu gwch. Does dim angen bod yn iach ar y Traeth, fel mae rhedwyr Ras y Cnicht yn iach, a'r rhwyfwyr yn yr aber. Mi gewch chi fod yn hen yma. Hwylus ydi'r Traeth os dach mewn cadair olwyn, a ddim am fynd i'r môr a'r mynydd. Diogel ydi'r Traeth os oes gynnoch chi anabledd. Croesawgar, os ydach chi, fel fi, yn ddieithryn.

Syllwch ar y Traeth o'r tu allan a byddwn ni i gyd yn edrych yr un fath. Ond y golwg trefedigaethol ydi hynny, llygaid swyddogol sydd wedi dod o stafell dywyll i'r haul yn rhy sydyn.

'Sbïwch arno fo, mae wedi dod efo corn awyr,' meddai Gwynne gan dynnu coes, pan dwi'n gofyn iddo fo dynnu llun ohona i a Ffred Ffransis, cefnogwr enwoca'r Rhyl ar ddiwedd y gêm, 'ac wedi cael dyrchafiad yn y brifysgol hefyd. Hwligans 'di'r Wltras i gyd!'

5

Lleu Llaw Gyffes

Cwpan Nathaniel, rownd gyntaf, Awst 29
Port 3:5 Caergybi

DWYT TI DDIM efo fi heno. Rwyt ti'n dathlu dy ben-blwydd yn ddeg fory, a dwi'n cytuno efo dy fam y byddai gêm gwpan sy'n cychwyn am chwarter i wyth, ac yn mynd i ecstra-teim, ac yna i benaltis, a cic-abowt ar y Traeth wedyn, a 'Hanner o be gym'i di?' yn y *clubhouse* ar ôl hynny, a gofyn am lofnod Cai ar y ffordd allan, a ninna ddim yn ôl yn Llanrug tan hanner wedi un ar ddeg, a'r parti y diwrnod wedyn yn cael ei ddifetha oherwydd blinder yn 'rhy ormod'.

Dwn i'm pam ddaru mi bryderu y byddet ti'n cael cam a bod yn onest. 'Dan ni'n gyfartal efo pedwar munud ar ôl ar y cloc, ac mae ecstra-teim a phenaltis a llofnod Cai mewn golwg, pan mae Caergybi yn sgorio dwy gôl yn y tri munud ola a 'dan ni allan. Ond dwi ddim yn teimlo'r rhwystredigaeth arferol oherwydd hebddot ti tydi gemau ar y Traeth byth yr un fath.

Mae gan Dyl erthygl dda iawn yn rhaglen Port:

> Fel cefnogwr brwd o Glwb Pêl-droed Porthmadog, y cof cyntaf sydd genna i o bêl-droed ydi i mi gael fy nghario yn y car i lawr i Port, ymweliad sydyn gan Taid yn y Sportsman a'i throi at y Traeth erbyn 3 o'r gloch i gefnogi'r cewri yn y coch a du. A finnau ond newydd ddechrau cerdded, roedd mynd i gyfarfod gyda'r chwaraewyr yn werthfawr boed hyn yn y Cafe yn New Street neu ar y cae. Dyma achlysur roeddwn yn edrych ymlaen ato ar hyd yr wythnos ac i gael dod yn 'un' o'r teulu ar y Traeth. 'Na i byth anghofio hyn. Mae hyn yn bwysig iawn i bob person, beth bynnag yw'r oed a dyna sydd yn gwneud i ni ddod 'nôl yn gyson wedi bron i hanner can mlynedd o gefnogi.

Dod yn 'un' o'r teulu – dyma pam dwi inna ar y Traeth hefyd. Pan wnes i a dy fam wahanu, symudaist ti a Rebeca yn fuan wedyn i Wynedd. Roedd yn rhaid i mi fynd yn rhan-amser yn y gwaith er mwyn medru dianc o Gdîdd i'ch gweld. Yna bues i ar y dôl am chwe mis, yna'n ddi-gyflog (hynny ydi, ar y dôl heb sêl bendith y swyddfa dôl, ac felly heb y pres) am ddwy flynedd arall, yna'n rhan-amser am flwyddyn, yna'n ddi-gyflog am bedwar mis wedi hynny, ac wedyn, ar ôl 57 o fisoedd o grafu byw yn Eifionydd, ac yn gorfod byw gyda fy rhieni fel taswn i'n stiwdant, mi ges i swydd.

Mi fyddet ti a Rebeca yn dod draw i 'ngweld i bob yn ail benwythnos, ond doeddet ti ddim yn nabod neb yn Port, na finna chwaith o ran hynny, a ph'run bynnag, pwy oeddwn i yn Port ond *dolie* arall? Dyn diarth wedi dod i Snowdolia, yn gwneud esgusodion tila yn Thedford House, swyddfa dôl Port, bob bore dydd Iau, ac yn llenwi ffurflenni ynglŷn â'i allu i sgwennu a darllen.

Ym Mhorthmadog dirion ar y dôl, aeth y dyddia'n wsnosa, a'r wsnosa'n fisoedd, a'r misoedd yn flynyddoedd. Newidiodd dy acen, a daeth dy dad yn rhan o fywyd Port er bod tinc estron ar ei acen yntau o hyd. Ond yn Borth-y-Gest efo'i thai haf, a'i thwrneiod a'i meddygon ar eu pensiwn, a Saeson ar eu gwylia, prin iawn oedd y plant Cymraeg, ac roeddet yn ddigyfaill o hyd.

Mi es i â chdi i'r Traeth er mwyn i ti ddod yn rhan o fywyd Port. Er mwyn i Port fod yn adra. Er mwyn i ti wybod lle mae'r Wyddfa, ac Awstralia, ac El Dorado. Ie, lle mae El Dorado? Er mwyn i ti fod yn 'un' o'r teulu. Doeddwn i ddim am i dynged gwahaniad dy rieni fod yn felltith arna chdi, a chditha fel Lleu Llaw Gyffes yn chwilio am enw, a chyfeillach, ac arfau.

6

Castell Meirion

Cynghrair y gogledd, Medi 9
Caersws 2:5 Port

DAS SCHLOß GAN Kafka: mae dieithryn yn cyrraedd treflan ddiarffordd ganol gaea, neb yn ei nabod, fynta heb ddeall pam ei fod yno, na phwy sy'n gyfrifol am y dyfroedd a'r tir. Ond mae castell ar y bryn, ac o'r castell mae gorchmynion yn dod, ond gorchmynion pwy a pha sut; ŵyr o ddim. Sut i fynd yno, ŵyr o ddim. Mae *Schloß* dros y Cob ym Meirion, a phob diwedd ha mae gŵyl fawreddog yno, a gwledda, a chario golau ar hyd ei strydoedd, ac mae pawb yn mynd, ac yn gwybod sut i fynd, ac yn cael mynd.

Yn edrych ar y *Schloß* o'r ochor arall i'r afon un flwyddyn, roedd gŵr rhy dlawd i fynd i'r ŵyl, ac roedd yn flin ac yn llawn cenfigen, a beiodd y *Schloß* am ei fethiannau ei hun. Onid oes gen i hawl hefyd i fynd i'r *Schloß*? Oni alla inna fynd yno i chwilio am gariad?

Teimlodd fod y *Schloß* yn orthrwm ar y fro. Lle i fonedd gael chwarae ydi'r *Schloß*, meddyliodd. Ond roedd pawb o Port a Penrhyn yn y *Schloß*: rhai'n hel sbwriel, rhai ar stondin, rhai mewn côr, rhai wedi cerdded dros y Cob dros y Traeth, ac yna ar hyd y traeth. Bob sut, aeth pobol Port a Penrhyn i mewn i'r *Schloß*.

Aeth adra i bwdu. Dywedodd wrth y byd ei fod wedi pwdu. Dywedodd wrth y betws. Teimlodd anghymeradwyaeth y gymuned gyfan. Roedd gwg swyddogion y *Schloß* arno ym mhob man yr âi, ymdeimlai â'i gywilydd ar y stryd, a gwyddai am y gwgu mewn tai mawr a thai llai, ac wrth fynd i mewn i rai siopau.

'Dyma ddyn blin,' meddai'i fêt wrtho dros friwsion a choffi. 'Dos draw i'r *Schloß* efo potel o'r gwin gora a holi hanes y sgweiar, ac ymddiheuro am amharchuso'r *Schloß*.'

Chwerwodd y gŵr. Beth oedd yn ei wneud mewn lle mor ddigyflogaeth? Mor anial? Mor ddigroeso? Beiodd y werin am ei broblemau ei hun.

Ni wyddai'r ffordd i'r *Schloß*. 'Nid oedd ei hawl gyfreithlon i fyw yn y dref yn ddilys; eto, o ddwyn rhai amgylchiadau ategol i ystyriaeth, câi gennad i fyw a gweithio yno.'

Bob blwyddyn mae'r *Schloß* yn llogi'r Traeth at yr ŵyl, ac mae Port yn chwarae oddi cartre. Teithiau dedwydd iawn ydi'r teithiau hyn i weld Port awê ar ddyddia gŵyl, ac heddiw mae'r Wltras yn mynd i lawr Lein y Cambrian trwy Fflwnguryl, Aberdovey a Mathuncheth, heibio holl dyddynnod a chaeau caeedig Cernywaidd yr olwg glannau Meirionnydd a'u ffermdai cerrig braf ynghanol môr o fyngalos a thai riteirio.

Yn stesion Caersws ar ben y daith, mae gŵr heb-fod-yn-y-*Schloß* yn tynnu ei lun o flaen paentiad o Ceiriog, cofeb annwyl i gyn-orsaf feistr, a phum awr yn ddiweddarach, mi fydd yn y Caersws Village Club efo'r Wltras yn yfed Tetley's o flaen sgrin fawr, ac yn y bwlch rhwng y ddau beth hyn, bydd cefnogwyr

Caersws yn ei gyfarch yn y Gymraeg yn ddigymell am fod hogia Port yn 'Sŵs, ac mewn hanner cyntaf disglair tu hwnt, bydd Chaplin yn cael *hat-trick* a byddwn yn gweiddi 'C'mon Charlie!' o'r tu ôl i'r gôl. Ac yn y diwedd mae Port yn curo o bump gôl i ddwy.

7

Annibyniaeth

Cynghrair y gogledd, Medi 16
Port 3:4 Dinbych

'FARCHOGION, SALÍWT!'

'Dan ni gyferbyn ag eglwys Tanwg Sant yn Harlech yn cymryd y salíwt i Glyndŵr ar ei ddiwrnod cenedlaethol, mintai ohonom wedi'n gwisgo mewn dillad canoloesol, a chdi a finna'n cydio ym maner Iestyn ap Gwrgant o'r unfed ganrif ar ddeg, brenin ola Morgannwg. Wrth gwrs 'dan ni ddim yn gwybod hynny.

'It looks a bit like Sunderland colours,' meddwn i, ond mi wnaeth Sais fy nghywiro.

'It's the flag of a royal tribe. It's the fifth royal tribe of Wales.'

Peth rhad ydi gwybodaeth pan fo modd ei gyrchu o lyfr.

O Slide Rock – nodwedd ddifyr ar lannau Gwynedd ydi'r enwau Saesneg answyddogol ar greigiau a thraethau; Spyglass Hill, Third Beach – edrychom i lawr ar y castell ei hun, a'r rhan honno o Harlech lle mae'r Cymry'n byw, mewn stadau, a'r morfa, ac ar amlinell lom hir y penrhyn Cymraeg, ac yn ei amddiffyn wrth ei borth, o'r golwg braidd, y Port ei hun. Mae un o'r marchogion wrth dy ochr mewn lifrai gwyrdd a gwyn, y ddau ohonoch chi'n wynebu'r tirlun hefo'ch cefna tuag ata i, ac mae ei faneg ddur yn gorwedd ar ysgwydd dy Parka, o dan rimyn ucha'r crys coch a du sy'n codi drosto. Delwedd ddolefus braidd, er bod golwg arna chdi, yn sbio ar y gorwel fel 'na, fel y Mab Darogan.

Ond heblaw am y twrist o Sais, mae'r Cymry'n hawlio Harlech iddyn nhw eu hunain. Mae'r fisitors wedi troi am adra ar ôl yr ha. Am y tro cynta ers misoedd, ac fel bydd hi trwy'r gaea tywyll, mae Gwynedd yn feistres ar ei thir ei hun. Mae hwyl i'w gael hefyd: mae Ha' Bach y Fic yn Llithfaen, fel tasa haf i fod ganol Medi, ac Annibynŵyl y mudiad dros annibyniaeth yn Gnarfon, ond fuon ni ddim yn honno oherwydd fel mae Yws yn deud, 'Pwy sy'n trefnu Annibynŵyl pan mae Port yn chwarae adra?'

Dwi'n cefnogi annibyniaeth, wrth gwrs.

'Annibyniaeth i Wynedd' meddwn i ar ben taith uffernol ddidabled arall ar hyd yr A470 ar ôl i dy declyn fynd yn fflat rywle rhwng Llandinam a Llanidloes.

'Dad, ti'n dwmffat,' ddudaist ti. 'Hashtag twmffat.'

Ac mi ges i allan wedyn dy fod yn poeni na fyddai Bale yn cael chwarae i'r tîm cenedlaethol, ac er i mi addo y gallai Cai gael gêm yn ei le, doedd hynny'n tycio dim.

Ond beth fyddai annibyniaeth pan mae trefi fel Port mor ofnadwy o bell o ganolfannau grym Cymreig? Pwllheli ydi prifddinas Dwyfor, ac mae Gnarfon yn fòs arni hi, ond mae 'na fistar ar Mistar Mostyn, ac mae Gdîdd yn fòs arnon ni i gyd.

'Mae lleoliad ein bro,' meddai *Llafar Bro*, llais Stiniog, 'ymhell o'r canolfannau gweinyddol yng Nghaernarfon a

Dolgellau, wedi arwain at annhegwch ac anghysondebau mewn gwasanaethau cyhoeddus a gofal iechyd ac ati, ond ar yr un pryd mae wedi cyfrannu at ein dycnwch a'n hannibyniaeth.'

A dyna sy'n wir am Port hefyd. Y cyhuddiad cyson ein bod ni'n 'ddi-fynd'. Maen nhw'n deud yn boléit mewn *dinner parties* yn Gnarfon fod Port fel Marmite; twll o le 'di Port, yn ôl tafarndai Pwllheli, does 'na ffyc ôl yn digwydd yno – hyn sy'n cyfrif mewn ffordd am holl naws ac annibyniaeth ryfedd y lle.

Ac i'r graddau *fod* mynd ar Port, y diffyg adnoddau a'r angen i wneud iawn am hynny sy'n gwarantu hyn. Mae gan Bwllheli ei Neuadd Dwyfor a'i Hafan, a Gnarfon ei Galeri, ac mae Bangor yn Pontio, ond does neb yn sefyll wrth gefn Y Ganolfan, 'canolfan gelfyddydau Dyffryn Madog', yn ei chragen *brutalist* o'r saithdegau wrth geg afon Glaslyn, ond Cyngor Port a byddin fechan o wirfoddolwyr.

Dyna lle mae ein diffyg cyfalaf, a diffyg cyfalaf y gymdeithas Gymraeg, yn newid ystyr y gair 'annibyniaeth'. 'Dan ni'n annibynnol yn barod trwy nad ydi'r wladwriaeth, unrhyw wladwriaeth, yn trefnu ar ein cyfer. Ydi, mae pob dim yn mynd i Bwllheli, chwedl Jason, ond ydyn nhw wir yn elwach? Mae gynnon ni berchnogaeth ar fywyd Port wrth ein bod yn trefnu popeth ein hunain, a hyn sy'n cynnal ein hiaith a'n diwylliant, a'n Portrwydd. Yn yr ystyr yna mae Port yn gyfoethog, fel mae pob tref dlawd gyffelyb trwy'r byd yn gyfoethog.

Heb unrhyw help, trefnodd Myfanwy a Tom Steddfod Gelf ar gyfer gŵyl banc y Sulgwyn, a wnes i chwerthin o feddwl ei bod yr un wythnos â Steddfod yr Urdd – un o'r eisteddfodau cenedlaethol hynny sy'n gwrthod dod i Ddwyfor am nad oes yn Llŷn ac Eifionydd yn grwn ddigon o gaeau.

Myfanwy a Tom wnaeth y llythrennau breision 'Caru Port' a godwyd ar gongl Cae Bodawen gyferbyn â'r *bypass* a'u symud wedyn i'r Parc. Yr unig dro y bu i mi ganlyn hogan o Port, deudodd hi mai Cae Bodawen a'i arwydd enwog 'Dim Cŵn na Charafanau' ydi'r peth mwya doniol am Port i gyd. 'Cae Crap' ydi dy enw di ar y cae, am fod y tir mor anwastad mae chwarae ffwtbol arno'n amhosib, ac mae'r hogia'n anwybyddu'r maes pêl-droed yn gyfan gwbl ac yn saethu i'r gôl o'r ochor anghywir, o ochor y geriach chwarae plant sydd, er gwaetha'r darnau digyswllt o goncrid sy'n ei anharddu, o leia yn fflat.

Ond doedd yna ddim byd crap am Gae Bodawen pan gododd Tom a Myfanwy eu sein. Roedd y gair 'Port' yn anferthol o fawr mewn ffont Hollywood, efo calon bren goch enfawr o'i flaen, a dyma fi a chdi'n mynd yno a stumio, finna'n foel 'nhalcen a 'nghorun o flaen y galon, a chdi ar siâp seren fôr mewn *pose* pêl-droed; y ddau ohonon ni yn y coch a du.

Gwirfoddolwyr sy'n cadw Port i fynd a tydi hyn ddim yn fwy gwir am unman na'r Traeth. Heb wirfoddolwyr sut fedrai tre fechan o ychydig filoedd o bobol gael unrhyw obaith o weld eu tîm pêl-droed yn cyrraedd y Welsh Prem? Bu Phil a Gerallt a Dylan Rhos-lan wrthi am flynyddoedd, y drindod sanctaidd (y Cadeirydd, yr Ysgrifennydd a'r dyn hel arian) fu'n arwain y clwb ac sy'n cael dyledus glod yn hunangofiant Osian Roberts wrth iddo adrodd yr hanes am reolwr Port yn mynd yn ddirprwy reolwr Cymru. Ond mae dwsinau o wirfoddolwyr ar y Traeth, yn ddirifedi fel yr adar ac mae'n anodd eu cyfrif.

Pwy sy'n gwneud y gwaith papur, a'r cais am y leisans fyddai'n caniatáu chwarae yn y Welsh Prem pe bai dyrchafiad, ac yn rhedeg yr Academi, ac yn agor y tyrnsteils, ac yn gwerthu ticedi raffl a'r rhaglen, ac yn golygu'r rhaglen, ac yn gwneud cyhoeddiadau uchelseinydd, ac yn cadw'r wefan, ac yn cyfweld y chwaraewyr ar gyfer y cyfryngau cymdeithasol, ac yn llunio adroddiadau i'r wasg, ac yn stiwardio, ac yn edrych ar ôl y cae, ac yn hel sbwriel, ac yn llnau, ac yn golchi, ac yn paratoi bwyd, ac yn dreifio'r fan, ac yn gweithio wrth y bar yn y *clubhouse*, ac yn trefnu nosweithiau yn y *clubhouse*, ac yn gwerthu paneidiau a tships ar ddiwrnod y gêm, ac yn gofalu am siop y clwb?

Ni.

Ni, bobol Port a'r ardal.

Yn hen ac yn ifanc, yn iach ac yn afiach, yn gyfoethog ac yn dlawd, yn abl ac yn anabl, yn ddynion ac yn ferched.

Ni.

Ac mi wnest ti dy ran hefyd. Wyt ti'n cofio llnau'r stafelloedd newid cyn dechrau'r tymor pan oeddet ti'n wyth, yn codi'r baw i gyd, ac yn sgrwbio'r meinciau ac yn gwneud i'r twb cawodydd edrych fel baddon bedyddio? Ac roeddet ti a Josh yn lluchio dŵr ar hyd y coridor sy'n rhedeg y tu fewn i'r brif eisteddle yn ôl ac ymlaen am fod dŵr yn llnau.

A phan ddoth dŵr o fath gwahanol y gaea hwnnw, a'r Traeth dan lathen lawn ohono yn y llifogydd, roeddet ti a Mogs yno yn helpu'r hogia i lenwi bagiau tywod i osgoi mwy o ddifrod. Tynnais i lun i'r *Wylan* ac mae gen i o o hyd, ac mae'r hogia efo'r rhawiau yn wên i gyd, ac ar y banc y tu ôl i'r hogia rwyt ti a Mogs yn eich cwrcwd, ac yn dy law, mae gen ti raw.

8

Darllen Heidegger yn y Port

Cynghrair y gogledd, Medi 20
Caergybi 3:0 Port

NODDWYR CAERGYBI YDI Stena Line, ac hyd y gwela i, mae 'na reswm da am hyn, sef fod sefyll ar eu cae agored ar Ynys Gybi fatha bod ynghanol y môr. Mae bob tro yn wyntog, sy'n rhoi mantais ddigamsyniol i'r tîm adra, sy'n gwybod yn iawn pa mor galed i gicio pêl yn erbyn gwyntoedd o bob math. Heno mae'n tresio bwrw hefyd, ac efo'r gwynt yn ei yrru mae'r glaw yn dod aton ni o'r ochor fel ar ddec llong. Mae hogia Port wrth fochal wedi cymryd hanner y stand drosodd, er aros ar wahân i'r cefnogwr Caergybi sy'n bloeddio 'Holihèd' – 'Hole-in-the-head', 'Hole-in-the-head', 'Hole-in-the-head' – ar ei ben ei hun fel *pneumatic drill* trwy'r gêm i gyd.

Mae pawb yn y stand ond Eddie, un o arweinwyr cymunedol Morfa Bychan (trefnodd sesiwn werthfawr am y gwasanaeth iechyd cyn yr etholiadau lleol, ac mi es i draw i Morfa i fwyta cacen gri ac yfed te). Mae o yma heno yn ei grys tracsiwt coch a du, het goch a du, sgarff coch a du ac yn goron ar y cwbl, bathodyn coch a gwyn 'Show Racism the Red Card'. Gan nad oes gen i fwy o ffydd ym Mwrdd Iechyd Betsi Cadwaladr nag sydd gan Eddie, ac efo rhywfaint o gonsérn fod dyn yn ei saithdegau allan ar y dec mewn tywydd fel hyn, ac yntau'n Wltra hefyd, dwi'n gweiddi, 'Get out of the rain, Eddie.' Mae Eddie yn aros yn y glaw.

Mae'n gêm sâl. Mae'r chwaraewyr ar goll ynghanol tymhestloedd y môr. Os oes traddodiad o fynd yn llongwr yn Port, tydi'r tîm ar y cae ddim wedi ei etifeddu. Mae Harvey yn llithro yn y glaw i ildio gôl gynta Caergybi, mae'r ail yn mynd i mewn oddi ar un o'n hamddiffynwyr, ac mae'r glaw mor drwchus mae'n anodd gweld y drydedd. At yr ail hanner, 'dan ni wedi hel ar y teras (mae ganddo do!); *prefab* glân ond ffatrïaidd yr olwg. Ydi o wedi'i symud draw o gei Stena Line? Fyswn i ddim yn synnu, ac mae hysbyseb anferth gan Stena Line ar ei flaen.

Mae petha'n reit anystywallt ar deras benthyg Port: 'diawledig', 'hen bryd i'r hogyn Tyler 'na gael gêm', 'tywydd mowr', 'tymor drosodd yn barod', 'Port ar ei din', 'allan o'r Welsh Cup ddechra mis nesa hefyd', 'Airbus dydd Sadwrn – chwip din arall ar ei ffordd'. Mae'r Welsh Prem yn edrych mor bell erbyn hyn ag oedd Patagonia i griw y *Mimosa*.

Be sy'n gwneud i hanner cant o hogia, yr un ohonyn nhw'n gefnog, deithio am awr a hanner i Holihèd ac awr a hanner am yn ôl, ar noson waith, yn y tywydd mwya diawledig, i weld un ar ddeg o hogia eraill yn boddi yn y môr? Pam fasa neb isio treulio noson ar un o *oil rigs* y byd pêl-droed mewn tywydd mor arw?

Nid dyma'r tro cynta i mi fagu obsesiwn â'r gêm *non-league* (mewn gwirionedd, mae Port yn chwarae mewn ail adran cynghrair genedlaethol, ac felly ddim yn rhan o'r byd *non-*

league; ac yng ngolwg UEFA yn glwb cryn dipyn yn bwysicach na Wrecsam, ac mewn sawl blwyddyn yn medru bod ar yr un lefel â Chaerdydd neu Abertawe, ac mewn tymor da yn tra rhagori ar Middlesbrough, Leeds neu West Brom). Digwyddodd o'r blaen pan oeddwn yn lled gyfyng f'amgylchiadau, ond yn chwennych, serch hynny, y fraint o berthyn i gymuned.

Yn hogyn ar gyrion Llundain yn fy arddega, ro'n i'n dilyn Walton & Hersham FC yn selog yn yr hen Isthiam League, cynghrair de-ddwyrain Lloegr, ac mae hiraeth gen i erbyn hyn am y tripiau i Billericay Town rownd yr M25 (un o'r chwaraewyr yn dreifio wrth swigio o gan, yn siarad efo'i fêt ac yn swingio o lôn i lôn i oddiweddyd o'r chwith neu'r dde heb newid cyflymdra), neu efallai ar y trên i Staines, Tooting neu Carshalton. Diwrnod yn Kingstonian, neu hyd yn oed daith ar fws y cefnogwyr i rywle ecsotig yn Sussex fel Lewes neu Worthing. Pan oeddwn yn rhynnu yn yr oerfel unwaith (ai yn Epsom & Ewell?), daeth dynes ata i'n cario bag siopa plastig cyn cyhoeddi'n dalog, 'I am the only woman who has visited all 92 grounds of the Isthiam League.'

Ond wrth fynd ychydig yn hŷn, a chael y rhyddid i fentro allan gyda'r nos, dechreuais wneud pethau Cymraeg fel mynd i weld Yr Anhrefn yn Fulham, ac yfed efo Dewi o Blaenau ar hyd y Northern Line, a mynychu cyfarfodydd gwleidyddol dwys Cell Llundain o Gymdeithas yr Iaith, lle byddai Liz Saville yn arwain y drafodaeth yn ei fflat *south of the river*. Mi fyddai partïon y Gell ar y llaw arall mewn gerddi yn sybyrbia a byddwn i a Dewi yn gwneud ffyliaid ohonon ni ein hunain yn null *The Inbetweeners*. Yn gynyddol, roeddwn dan ddylanwad cenedlaetholdeb Cymreig, ac am fy mod yn Llundeiniwr ac yn Gymraeg, tybiais nad oeddwn nac yn Llundeiniwr nac yn Gymraeg, er fy mod mewn gwirionedd yn hynod wreiddiedig yn y ddau ddiwylliant. Pam arall, mewn difri, y byddwn i'n mynd i wylio pêl-droed mewn twll o le fel Molesey neu Feltham, neu'n mentro allan yn y gaea i wrando ar Rhys Mwyn?

Yn ara deg, câi gwleidyddiaeth a genethod flaenoriaeth ar bêl-droed, a phan fues i yn y coleg yn Aberystwyth, fedrwn i ddim cnesu ryw lawer at glwb y dref am nad oeddwn i'n uniaethu efo diwylliant *townie* Aber. Felly hefyd yn Rhydychen, er mentro unwaith neu ddwy i'r Manor Ground efo Rhys Evans, cofiannydd Gwynfor Evans wedyn. A phan fues i'n byw yng Nghaerdydd yn fy ugeiniau hwyr, roedd Adar Gleision Caerdydd yn glwb diarth, er i mi eu cefnogi'n blentyn, yn bennaf oherwydd agweddau gwrthnysig cynifer o'r cefnogwyr at y Gymraeg.

Go brin fod adfer fy niléit mewn pêl-droed yn fy mhedwardegau yn llwyr ddatgysylltiedig oddi wrth fy mherthynas gymhleth efo'r Port ei hun. Mae clybiau pêl-droed yn cyfleu gwerthoedd, ac mae perthynas gadarnhaol y clwb â'r Gymraeg a chymunedau cefn gwlad Gwynedd yn bwysig i mi, fel yn wir mae ei werthoedd cymdeithasol ehangach.

Er hynny, perthynas amwys oedd gen i efo Port o'r cychwyn, ac mae'n siŵr y gellid olrhain y cwbwl yn ôl i benderfyniad Llinos i roi'r bŵt i mi. Diwedd perthynas ydi diwedd un byd. Ond mae hefyd yn gychwyn byd newydd.

Fe'm taflwyd i ganol bywyd Port gan nad oeddwn yn mynd ar benwythnosau i'w chartref yn y Groeslon ddim mwy. Ro'n i yn Port bob dydd, yn y caffis, ac yn y tafarndai, heb ddim i'w wneud ond cerdded 'nôl ac ymlaen o Borth i Port, ac o Port i Borth, ac efallai, hwyrach, o Borth i Port, a chwarae sgwennu llyfrau, a mynd i'r Traeth ar brynhawn dydd Sadwrn.

O leiaf i mi gael hamdden i ddarllen. Darllenais athroniaeth a gwleidyddiaeth a llenyddiaeth, ond rhaglenni pêl-droed yn bennaf oll. Mi hoffais athroniaeth Heidegger yn enwedig, efo'i bwyslais ar *Dasein* a 'bod-yn-y-byd'. Ydi bywyd yn wir fel darllen Heidegger yn y Port? Mi wnes i bopeth i gadw gafael ar fy hen fyd, ond ni fedrwn, ac yn ystod yr wythnosau cynta wedi diwedd ein perthynas byddwn yn dioddef o bendro, ac yn mynd i'r tŷ bach a cheisio chwydu, a methu. Ni fedrwn ddirnad ei cholli.

O ble daw'r realitïau od yma? O ble daw poen? Cawn ein lluchio i ganol petha, a tasa'r lluchio'n wahanol, mi fyddwn mewn byd arall. Mi ges i fy lluchio i ganol bywyd Port yn groes i bob ewyllys, yn sydyn, ac yn ddirybudd. Ond mae hyn yn wir am frodorion Port hefyd. Fe'u taflwyd hwythau hefyd i'r byd, ac i'r Port. Fe'u taflwyd i Osmond Lane a Morfa Lodge ac El Dorado. Fe'u taflwyd i'r Traeth.

9

Steddfod yn y Ddinas

Cynghrair y gogledd, Medi 24
Port 2:1 Airbus UK Broughton

A MINNAU WEDI gwahanu ac yn byw ar wahân i'r plant, mae'n rheol gen i na fyddaf yn gwneud dim gwaith dros y penwythnos, nac yn ymhél â gwleidyddiaeth. Mae gwahoddiadau Sadwrn i Gadeirydd y Cyngor Tref yn mynd heb eu hateb, mae pwyllgorau gwaith y mudiad iaith yn cwrdd yn fy absenoldeb, mae seiadau Canolfan Hanes Uwchgwyrfai yn mynd yn eu blaenau heb fy noethineb. Mae'n ddydd Sadwrn: dwi adra ar y Traeth.

Ond heddiw mi dorrodd yr Wltra hwn ei reol ei hun. Derbyniodd wahoddiad i drafod ei lyfr diweddara yng Ngŵyl Lyfrau Caerdydd a hynny ar yr un adeg yn union ag un o gemau adra Port, a phe na bai hynny'n ddigon o frad, prynodd hefyd docyn hanner can punt ar gyfer swper blac-tei yn y Gyfnewidfa Lo y noson gynt i ddathlu ugain mlynedd o ddatganoli, ac er mwyn codi pres ar gyfer Steddfod Caerdydd. Yn naturiol, roedd yn nerfus cyn mentro i'r swper am ei fod wedi bod yn contio Gdîdd ar hyd y flwyddyn. Ac o ran datganoli, pe bai rhywun yn gofyn iddo a fyddai'n pleidleisio drosto eto, byddai'n ateb, 'I plead the Fifth Amendment.'

Mewn siambr fawreddog sy'n edrych fel neuadd Castell Penrhyn, eisteddai 300 o Gymry mewn blac tei a ffrogiau. Yng nghanol acenion amryfath y Gymru wledig, syllodd tad absennol dros ei flac-tei ei hun ar datws *dauphinoise* a phwdin bara brith; edmygodd y darluniad hyfryd o oleuadau Bae Caerdydd a werthwyd yn yr arwerthiant am fil o bunnau, a gwgodd pan wnaeth y gŵr gwadd, Guto Harri, jôc am lofruddiaeth y butain Lynette White. Meddyliodd beth mor braf ydi eisteddfod symudol gan ei bod yn amlygu cymeriad ardaloedd gwahanol o Gymru mor dda.

Wrth gwrs, mwynhaodd y noson. Roedd yn braf gweld hen gyfeillion o'r brifddinas, ac roedd pawb yn hynod garedig. Yn wir, roedd pawb mor ddymunol a siriol a chroesawgar, dechreuodd deimlo fel mab afradlon. Roedd fel pe na bai neb wedi sylwi ei fod wedi bod yn contio Gdîdd o gwbl.

Daeth hiraeth am ei ugeiniau, am fynd bob nos Sadwrn i'r Clwb Cariad, yn trŵpio i fyny ac i lawr y grisiau metal 'na yn Womanby Street yn chwilio am gariad, ac am y secs. Cariad na fyddai'n dod i'w ran ond ar nos Sadwrn yn Clwb. Daeth ei orffennol ato o'r bar. Roedd rhai o'r rhain yn hen gariadon unnos, a theimlai'n agos atynt, a holodd sut oedd y plant, a holasant hwythau sut oedd ei blant yntau.

Y diwrnod wedyn, pan aeth i Westy'r Angel i sôn am ei lyfr, mwynhaodd hynny hefyd. Y tro yma, nid oedd yn adnabod fawr o neb ond roedd hwn a hwn, a hon a hon, wedi darllen y gyfrol. Gofynnai dieithriaid iddo am ei lofnod, a phrynid diodydd iddo gan bobol nad oedd wedi cwrdd â hwy erioed o'r blaen, ac roedd y stafell lle siaradai'n llawn i'r ymylon. Roedd y ffordd yr apeliai hyn ato yn ei gywilyddio.

Yn ôl yn Port, roedd yr hogia adra ar y Traeth, ond ar ôl y chwalfa nos Fercher, nid oedd, cyn teithio i lawr, wedi gweld fawr o obaith, ac yn wir nid oedd yn difaru colli'r gêm. Mae'n od sut mae pethau nad ydynt efo ni ar y pryd – cymunedau, cariadau – yn medru cael eu gwthio o'r cof. Heb y gallu i anghofio, fedr neb ddelio â cholled. Ond trwy gael cip ar ei gyfrif Twitter, bob tro y gwnâi esgus i fynd i'r tŷ bach, gallai weld bod Port nid yn unig wedi mynd ar y blaen, ond yn aros ar y blaen. Yn wir, roedd Port ar fin cael canlyniad gorau'r tymor hyd yma – curo Airbus UK, arweinwyr y gynghrair. Goleuodd y ffôn wedi'r fuddugoliaeth a gwelodd fod neges ar y Trydar oddi wrth Carwyn: 'Achos bod chdi a fi dim yna heddiw.'

10

Dal dy Dir

Cynghrair y gogledd, Medi 31
Treffynnon 2:0 Port

Yn Nulyn dros frecwast ar ôl recordio *Hawl i Holi* (roedd y lleoliad wedi golygu bod rhaid aros dros nos, a chafwyd sgyrsiau da tan yr oriau mân), esboniais wrth Dewi Llwyd sut y byddai modd i Port gyrraedd y Champion's League Final, yn union fel wnes i efo chdi ar ôl i ni weld Juventus yn colli'n drwm i ffasgwyr Real Madrid yn y ffeinal a gynhaliwyd yng Nghaerdydd cyn yr ha.

'Yn gynta,' eglurais, 'byddai'n rhaid i ni guro bob gêm, fwy neu lai, i gyrraedd brig cynghrair y gogledd; a churo bob gêm, fwy neu lai, y tymor wedyn er mwyn disodli TNS ar frig yr Uwch-gynghrair; ac yna, yn y trydydd tymor, wrth gynrychioli

Cymru yng Nghynghrair y Pencampwyr, curo'r rowndiau rhagbrofol, y tri ohonyn nhw, ac wedyn mynd trwy'r *play-off* ac os llwyddo yn hwnna, cyrraedd y Bencampwriaeth go iawn, dod yn gynta neu'n ail yn y grŵp, curo'r pedair gêm nesa, a Port fydd pencampwyr Ewrop!'

'Dan ni'n dau wedi cael y sgwrs 'ma droeon ac wedi plotio ein ffordd heibio Penrhyn-coch a Chegidfa, Caerfyrddin a Bangor, rhyw dîm neu dri o Lwcsembwrg neu Slofacia neu Wlad Pwyl, ac yna drechu Celtic, ac yn sgil hynny Lerpwl a Dortmund a Monaco, cyn wynebu AC Milan, Bayern München a Barcelona a dial ar Real Madrid yn y gêm ola a Cai yn sgorio'r gôl fuddugol.

'Mae pêl-droed yn ein siomi ni weithia,' meddai Dewi wrtha i fel taswn i newydd roi cynnig ar egluro rhywbeth afrealistig fel llwybr Catalwnia tuag at annibyniaeth.

Ond mi gawson ni wybod na fyddem yn ddigon da i ennill dyrchafiad y tymor yma pan aethon ni i Dreffynnon ychydig ddyddiau ynghynt, yn drydydd yn y lîg, bum pwynt yn unig y tu ôl i'r Cofis. Pwy oedd yno yn y bar i'n croesawu ond Hefin yn ei grys coch a du retro Port 'Allports Fish and Chips', ac wedi gwnïo bathodyn Port i mewn i'w gôt hefyd. Roedd yno ar gyfer stag Dewi Fflint sydd, yn ddryslyd iawn, yn dod o Dreffynnon, nid o'r Fflint. Ac yna daeth yr hogia o ddyddia Cymuned i mewn, Cymry Clwyd; yno ar gyfer stag Dewi Fflint hefyd wrth gwrs, ac wedi'u lapio yn sgarffia coch a gwyn y clwb cartre. Wel, roedd hi fel yr hen ddyddia.

Roedd Dewi wedi llogi *executive box* Treffynnon, rhyw fath o bortacabin isel wrth y gongl, lle darperid gwledd o borc peis a brechdanau tiwna a *sweetcorn*. Ro'n i'n meddwl eu bod nhw'n eistedd efo ni y tu ôl i'r gôl i gynnig cefnogaeth foesol ond wrth gwrs mae bron yn amhosib gweld gêm trwy ddwy ffenast onglog fechan yn nhu blaen sied. Felly'r funud godon ni ar ein traed i C'mon Portio, dechreuodd y miri, yn gynta wrth i Cai gael anaf a gorfod mynd am gawod gynnar – 'Ble mae ysbryd Gwenffrewi? Mae Gwenffrewi'n gwylio!' Yna anfonwyd Julian o'r cae am *sliding tackle* wirion, ac roedd y Cottles ar eu traed – 'Duw cariad yw' a 'Câr dy gymydog fel ti dy hun'. Wedyn cododd y stag ei hun, gan droi i gyfeiriad chwaraewyr Port, Cymry Cymraeg bron i gyd, cyn gweiddi, 'C'mon Treffynnon, malwch y Saeson yma!'

Ar hanner amser, tynnwyd llun pawb o flaen 'Estelada Port', y faner felen a choch efo seren las dros annibyniaeth sydd wedi bod yn dilyn Port rownd y gogledd ers i'r agro ynghylch refferendwm Catalwnia gychwyn. Roedd yna fwy o fynd ar y cwrw na'r bêl-droed erbyn hyn, ac ar ôl i fuddugoliaeth Treffynnon yn erbyn deg dyn Port gael ei chadarnhau, aethon ni i'r *clubhouse* ac yfais gwart o lemonêd am fy mod yn dreifio, ac adroddodd Dewi ei hoff englyn:

I rwystro llif yr estron – fe wyddom
Fod ryw weddill ffyddlon
Sydd fel wal yn dal y don
Ar y ffin yn Nhreffynnon.

'Ti,' meddai Dewi, gan roi ei fraich o 'nghwmpas, 'ydi fy hoff Dori Cymraeg. Mae'n rhaid i ni roi annibyniaeth yn gynta, a sefyll efo'n gilydd yn erbyn y Saeson 'ma, a dim ond ar ôl cael annibyniaeth gawn ni gecru ymysg ein gilydd.'

'Dwi ddim ar y dde, Dewi,' meddwn i.

'A pheth arall,' meddai Dewi, 'mae pawb wedi bod yn lladd arna i am gefnogi Brexit ond mi wneiff Brexit fwy o ddifrod i'r Wladwriaeth Brydeinig na wnaeth holl fomiau'r IRA erioed, gei di weld. Mae'n gyfle i ni ddinistrio Prydain, a dangos y Brits am beth ydyn nhw!

'Na, dydi o ddim!'

'Rwyt ti'n Dori. Mi wneith gweithwyr Cymru godi yn erbyn Prydain unwaith mae llanast Brexit wedi dod i'r golwg.'

'Dwi'm yn Dori, Dewi. Port dwi'n byw. Ond fydd y Cymry ddim yn codi yn erbyn neb na dim.'

'Rwyt ti'n Dori, ond dwi'n dy licio di. Wnest ti sticio fyny dros y Cymry adeg Cymuned, a dwi'n parchu pobol fel'na.'

Cymuned: does dim dwywaith nad y ddwy flynedd dreuliais

i'n arweinydd *de facto* y mudiad *guerilla* yna dros y broydd Cymraeg oedd dwy flynedd galeta fy mywyd. 'Y Cadfridog' oedd y llysenw arna i gan Twm Morys, ac mae'n siŵr gen i fod llysenwau llai parchus o lawer yn cael eu harfer hefyd.

Byddai'r heddlu yn stopio'r car bob tro byddwn i'n mentro o Aberystwyth, a chafwyd gwarant i chwilio'r tŷ am un o'r gloch y bore pan oedd dy fam yn feichiog efo dy chwaer. Roedd y straen ar ein perthynas yn aruthrol, heb sôn am y penawdau yn y *Welsh Mirror* yn cyhoeddi mai fi oedd 'the most dangerous man in Wales', a'r gwleidyddion Llafur yn codi yn Westminster Hall i ddisgrifio Ieuan Wyn Jones fel mwnci a finna fel ei *organ-grinder*. A'r holl Lafurwyr yn ein cymharu â'r BNP gan ein bod yn pryderu am y mewnlifiad Saesneg, ac yn gofyn i Saeson ddysgu Cymraeg. Heddiw, mae'r un gwleidyddion o blaid gadael y Farchnad Sengl, oherwydd ofn ffantasmig eu cefnogwyr o fewnfudwyr, ac mae dysgu Saesneg yn amod dinasyddiaeth Brydeinig.

A stiwdants bach y Chwith Brydeinig (pob un mewn tŷ braf erbyn hyn mae'n siŵr) yn gosod swasticas dros ein posteri 'Tai i bobl leol', ond o leia gallen ni ddeud wrth y wasg ein bod yn cael ein targedu gan neo-Natsïaid. Câi ein harwyddion eu malu liw nos, a threfnwyd fod rhai o'r hogia'n cadw golwg arnyn nhw mewn *stake out*, ond ni ddaeth y malwyr. Llosgwyd ein carafán yn ulw, a chynyddai'r pwysau wrth i Blaid Cymru benderfynu mai'r flaenoriaeth strategol oedd chwalu Cymuned a disodli'r pwyslais ar y broydd Cymraeg.

Roedd bygythiad oer i 'nghyflogwyr yn *Barn*, y cylchgrawn ro'n i'n ei olygu, na fydden nhw'n derbyn sentan o bres cyhoeddus byth eto. Gweithiwn oriau nad oedden nhw byth yn dod i ben, am bymtheg awr y dydd yn aml a thrwy'r penwythnosau hefyd. Aeth yr incwm llawrydd yn ffliwt. Cafwyd *coup* mewnol yng Ngheredigion a sefydlwyd plaid wleidyddol yn groes i fy ewyllys. Ac yna bu sleid arafaidd fel mewn ffilm *slo-mo* i salwch. Bues i mor sâl na fentrwn o'r tŷ am tua dwy flynedd.

Gyda'r nos, byddwn yn cael hunllefau, yr un hunllef bob

tro. Byddai criw yn eistedd mewn cylch, fel wagenni mewn *laager*, tua phymtheg neu ugain ohonon ni ar lawr, wedi ein hamgylchynu gan luoedd diogelwch o ryw fath neu'i gilydd. 'Dan ni mewn llys barn, rywle yng Ngwlad y Basg neu Gatalwnia, ac uwch ein pennau, ond yn lled bell oddi wrthym ar ei orsedd fawr, mae barnwr. Does dim areithiau gwleidyddol fel yn yr hanesion am achosion mawr Cymdeithas yr Iaith. Ond cawn ein dedfrydu i flwyddyn o garchar yr un fath. Mae'r cyhuddiad yn annelwig, a tydi ei union natur ddim yn cael ei datgelu. Mae meddwl am y carchar yn codi ofn arna i, nid ofn y budreddi a'r diflastod ond y trais; y dyrnau anhysbys.

Mae gen i gywilydd fy mod i wedi tynnu aelodau Cymuned i ganol hyn. Y rhai a erlidiwyd yn eu swyddi, ac a wynebai gyhuddiadau ffug o gymell casineb, ac a rwystrwyd rhag cael cyflogaeth am flynyddoedd; *Berufsverbot* y Gymru ddatganoledig. Mae rhai o'r hogia hyn yma heddiw ar stag Dewi Fflint. Yn sydyn, mae geiriau Geraint Løvgreen yn dod i'r meddwl: 'Mae'n iawn iti herio'r gyfraith pan ti'n ifanc a ffôl, ond meiddia herio'r drefn a gei di byth ddod yn ôl.'

Ac mae gen i gywilydd hefyd fod ein methiant wedi rhoi rhwydd hynt i'r holl drais diwylliannol ac ieithyddol a ddaeth i ran y broydd Cymraeg wedyn. Symudwyd popeth ohonynt, a throsglwyddwyd eu sofraniaeth i Gdîdd. Bydd gwleidyddion yn honni nad oedd modd achub y Gymraeg; na ellid bod wedi gwneud mwy i adfer cymunedau Cymraeg y gorllewin, a'u bod wedi trio eu gorau glas.

A pha ots beth bynnag am ddiflaniad y broydd Cymraeg? Canys ni bia'r awyr!

I'r diawl â'r awyr. Ni oedd bia'r tir unwaith, ni oedd ei feistri, a byddem yn ei rodio am mai ein tir ni ydoedd. Pwy sydd angen awyr pan mae gynnoch chi dir? Da y gwyddom ni, ac y gwyddant hwythau, hynny.

11

Gangsta Town Port

Cwpan Cymru, rownd gyntaf, Hydref 8
Port 3:0 Llewod Pen-y-ffordd

Llun: Nigel Hughes

TASWN I BYTH yn cael mynd ar *Mastermind*, fy mhwnc arbenigol fyddai tai bach.

'And your chosen specialist subject is?'

'Fiscal discipline in relation to the public conveniences of Porthmadog, Tremadog, Borth-y-Gest and Morfa Bychan and the political consequences thereof.'

'What is the annual profit made by Gwynith Council at Black Rock Sands where Gwynith intend to transfer costs of four thousand pounds to Portmadoc Town Council for the maintenance of two toilets for holidaymakers at the aforesaid beach?'

'In excess of one hundred thousand pounds.'

'If Portmadoc Town Council were to contribute sixteen thousand pounds to this Gwynith Council to keep open all public conveniences in the Portmadoc area, what would be the increase in the Portmadoc precept?'

'Over 28%. And every single penny would be spent on tourists. Welcome to Gwesty Cymru.'

'Then why not have a tourism tax to fund these *pissoirs* no local will ever use?'

'Because in Wales only the native pays.'

'And the public reaction to a Councillor who allowed the toilets to close?'

'Oh God. Completely fucked. Never forgiven.'

Dydi o ddim cweit fel 'na, wrth gwrs. Mae Cyngor Gwynedd yn wyneb caledi economaidd yn gorfod tocio rywsut, a dwi'n gwybod bod rhaid i ni gadw tai bach Port a Borth ar agor, doed a ddelo, er mwyn yr economi, er mwyn glanweithdra, ac er mwyn cyflogaeth leol. Ond mi fyddech chi'n meddwl y gallai Cyngor Gwynedd fod wedi codi'r ffôn ar Gyngor Port am sgwrs cyn anfon y bil. Lwc mul fod gynnon ni bump o dai bach cyhoeddus yn nalgylch y Cyngor Tref, y nifer ucha yng Ngwynedd. A lwc mul o lwc holl fulod y byd mai fi sydd yn y Gadair ac yn gorfod wynebu rhyfel Llais Gwynedd i beidio cyfrannu dimai goch o bres Port i goffrau Gwynedd ar unrhyw gyfri, hyd yn oed tasa gor-lif geudai Port yn llifo i lawr y Stryd Fawr yr holl ffordd o'r Parc i afon Glaslyn.

Dwi'n meddwl am hyn yng ngêm Cwpan Cymru am fod y bleidlais lawr wsnos nesa, ac am ei bod yn sicr y bydd yr hogia yn curo heddiw, a heb dyndra cystadleuaeth go iawn mae'r meddwl yn crwydro. Tîm sydd newydd gael dyrchafiad o ryw gynghrair dydd Sul yn sir y Fflint ydi Llewod Pen-y-ffordd, ac maen nhw'n chwarae mewn cynghrair ddi-nod sydd yn is na dwy adran Cynghrair Wrecsam hyd yn oed, sydd hithau o dan gynghrair y gogledd; hynny ydi, mae Pen-y-ffordd ym mhumed adran pêl-droed Cymru, ac ar y lefel yna, mae cynghreiriau Cymru mor anhygoel o ranbarthol a lleol, gellid dweud, heb drafferthu i weithio allan y manylion chwaith, fod Pen-y-ffordd ryw 200 neu 300 o safleoedd islaw Port. Mae ail dîm Port allan ar y cae, efo ambell hen ben wedi'i ychwanegu fel burum i lefeinio toes dibrofiad, a sicrhau buddugoliaeth.

Ond y prif reswm dwi'n meddwl am y tai bach ydi fod Mark yn y gêm; yn wir mae'n sefyll wrth fy ochor yn y Quarry End. Mark sy'n gofalu am doiledau Port a Borth i Gyngor Gwynedd, ac eisoes mae Gwynedd wedi sgwennu ato fo i ddeud y bydd yn cael ei P45 cyn pen mis oni bai fod Cyngor Port yn plygu. O ystyried yr amgylchiadau, mae Mark yn hynod hynaws ei sgwrs efo fi, ac mae'n gwrando'n dawel ac yn barchus arna i'n gwneud y math o esgusodion tila mae gwleidyddion yn eu gwneud, yr un hen esgusodion dwi 'di bod yn eu palu ym mhob gêm ers dechrau'r tymor, ac sydd yn codi enw Llais Gwynedd yn rheg, ac yn priodoli iddyn nhw'r math o foesoldeb byddai rhywun yn ei briodoli fel arfer i'r Lib Dems.

Mae tacteg wleidyddol Llais Gwynedd yn ddigon syml, sef beio Cyngor Gwynedd am geisio trosglwyddo costau'r toiledau i Gyngor Port, ac yna beio Plaid Cymru. Beio'r Blaid, os ydi Cyngor Port yn talu am y toiledau, am sugno pres Port i Gnarfon; neu ei beio, os nad ydi Cyngor Port yn talu, am eu cau. Fel propaganda, mae'n athrylithgar. Wedi'r cwbwl, mae Plaid Cymru yn rhedeg y ddau gyngor. Ond mae'n ddigon anghyfrifol oherwydd 'beio' yn yr achos yma ydi gadael i ddyn gael ei daflu ar y dôl. Ac mae'n anghyfrifol hefyd am mai'r cyfryngau cymdeithasol ydi maes y gad, ac yno mae pob Jon, Dic a Harri yn meddwl cân nhw ddeud be fynnan nhw, gan gynnwys eu gwadd eu hunain i gael cachiad yn nhai cynghorwyr Port.

Mae'r cyfarfod hollbwysig nos Fawrth wedyn. Dwi wrthi trwy'r dydd yn paratoi, yn darllen gohebiaeth, yn dysgu amrywiadau posib ar ddehongliadau o'r Rheolau Sefydlog, yn holi barn gyfreithiol, ac yn gwirio'r 'Cynnig Arbennig' fydd yn caniatáu i'r Cyngor wyrdroi cynnig llwyddiannus Llais Gwynedd mewn cyfarfod blaenorol i adael y mater ar y bwrdd. Mi fydda i bob tro yn gwneud nodiadau mewn llaw ar y papurau swyddogol cyn cyfarfodydd stormus y Cyngor Tref, ac yn eu stacio'n ofalus ym mocs coch Port, ond does yna byth gyfarfod heb fod rhyw bwynt cyfansoddiadol yn troi'r drol, ac fel arfer cyfrwystra Alwyn sy'n gyfrifol.

Fel y rhan fwyaf o gynghorwyr y Blaid yn Port, dwi'n hoff iawn o Alwyn. 'Dan ni o'r un farn o ran pwysigrwydd y Gymraeg, a thu allan i siambr y cyngor, ar bwyllgor golygyddol papur bro *Yr Wylan* er enghraifft, wedi cydweithio droeon. Ond yma yn ystafell y Cyngor, dan y darn pren gosgeiddig sy'n cyhoeddi 'Cyngor Tref Porthmadog', mae'r dyn gwâr efo acen Botwnnog, mwstásh walrws a phen ar osgo yn cynllwynio yn fy erbyn.

'Mr Cadeirydd,' ac mae Alwyn ar ei draed yn lleisio barn efo'r gostyngeiddrwydd effeithiol sydd mor nodweddiadol ohono fo, 'tybed nad un cynnig sydd yma mewn gwirionedd ond dau, ac y dylen ni bleidleisio ar y ddau yn eu tro?'

'Fydda i ddim yn licio mentro y tu hwnt i fy awdurdod...'

'Doeth iawn, Mr Cadeirydd...' meddai Alwyn gan dorri ar draws.

'Ond byddwn i'n tybio mai un cynnig sydd yma gan fod ystyr y naill baragraff ymhlyg yn y llall.'

'Doeth iawn, Mr Cadeirydd, doeth iawn,' a dwi'n clywed y gwatwar y tu ôl i'r ffurfioldeb.

Wedi dyfarnu o blaid un cynnig, dwi'n dyfarnu deng munud wedyn yn erbyn gwelliant dinistriol, yn enwedig felly gan fod hwn yn Gynnig Arbennig yn meddu ar freiniau neilltuol gan 'ni ellir newid penderfyniad y Cyngor o fewn chwe mis oddigerth naill ai drwy gynnig arbennig, y bydd rhybudd ysgrifenedig ohono yn dwyn enw o leiaf chwe aelod o'r Cyngor.'

Oddigerth. Nodwedd ar reolau sefydlog Cyngor Tref Porthmadog ydi eu Cymraeg ardderchog, sy'n cael ei adleisio gan Gymraeg cyfewin Alwyn efo cystrawennu cydnerth sy'n dwyn i gof adeg pan oedd Cymraeg yn Gymraeg, a Llŷn yn Llŷn. Alwyn ydi sgalpel Llais Gwynedd. Yn eiriol, dwi'n baglu o'i flaen fel plentyn.

Mae Alwyn yn rhoi cynnig ola arni yn ystod y bleidlais ei hun, trwy geisio cynnal ymgom arall ynghylch y cyfansoddiad, sy'n amhariad difrifol ar awdurdod y Gadair, a dwi'n hanner meddwl ei ddiarddel ond yn bodloni ar wthio'r bleidlais drwodd. Mae hyn yn gwylltio aelodau eraill o blith y garfan sy'n codi pwyntiau cyfreithiol ymhob cyfarfod.

'Y darn gorau,' meddai rhywun yn y galeri cyhoeddus (dwy gadair blastig yng nghefn y stafell) wrtha i'r diwrnod wedyn, 'oedd pan ddaru chi godi ar eich traed a deud wrth Trump Port i stopio pwyntio!'

Mae'r helynt yn dweud tipyn am wleidyddiaeth ar lawr gwlad mewn cymunedau pellennig, ac yn dawel bach mae gen i fwy o gydymdeimlad efo safbwynt Alwyn a Jason na byddwn yn ei addef yn gyhoeddus. Nid Cyngor Gwynedd sydd ar fai ei bod hi'n fain ar wasanaethau cyhoeddus, ac ystryw deg mewn ffordd ydi gwagio tipyn ar arian wrth gefn cynghorau tref er mwyn achub gwasanaethau cynghorau sir. Ceidwadaeth yn hytrach na darbodaeth sy'n cyfri fod cynghorau cymuned Gwynedd yn gyndyn i wario. Ond mae'r cyngor sir wedi ein trin fel rhyw fath o *gangsta town*, tref sydd ddim yn ffit i wneud ei phenderfyniadau ei hun. Mae plygu iddynt wedi bod yn drychineb wleidyddol i ni yn Port ac wedi dwysáu'r ymdeimlad ein bod yn cael ein hecsbloetio gan rymoedd o'r tu allan.

Mewn cymuned fel Port sy'n teimlo bod ei phobol ifanc wedi gadael, ei siopau bach yn cau, ei swyddi wedi diflannu, a'i diwylliant a'i hiaith dan warchae o du mewnfudwyr, mae peryg mewn gwleidyddiaeth sy'n ceisio rhesymoli yn hytrach na gwrthsefyll toriadau. Gall arwain at sinigiaeth, a thrwy hynny at negyddiaeth. Rhaniadau yn y gymdeithas, yr amheuaeth o syniadau o'r tu allan, cyndynrwydd i baratoi ceisiadau am grant am nad oes neb yn meddwl y byddan nhw'n llwyddo; cylch dieflig ydi hwn sy'n llyffethair ar bob ymdrech i adfywio cymuned.

12

Curo'r Cofis

Cwpan Cynghrair y gogledd, rownd gyntaf, Hydref 21
Port 2:0 Caernarfon

YN Y DIWEDD, roedd hi'n hynod annisgwyl. Roedd hi'n hyrddio glaw a gwynt trwy diroedd Gwynedd, y storom yn chwipio'r tir, yr ewyn ar afon Menai yn poeri, a'r tonnau'n codi ac yn gostwng. Ro'n i yn Gnarfon, o bob man yn y byd, mewn cynhadledd, yn fy siwt orau, yn cefnogi gweledigaeth Adam Price o 'Arfor' er mwyn hybu economi'r broydd Cymraeg, prif amcan fy mywyd gwleidyddol ers treulio dwy flynedd a hanner yn Port yn segur, yn ddyn canol oed roedd ei sgiliau yn ddiffrwyth i'r gymdeithas o'i gwmpas. Dwi'n diolch i Adam, sydd wrth fy ochor, am roi yn ôl i mi fy ffydd nad oes rhaid i Wynedd fod yn drefedigaeth fewnol yn y Gymru newydd. Pa ddiben ymreolaeth os nad ydi pethau'n newid, ac i ninnau yn y gorllewin Cymraeg hefyd?

Wrth gwrs, bydd gemau Port yn cael blaenoriaeth ar bob dim, ond tydw i ddim yn pryderu am hyn yn y gynhadledd, oherwydd go brin byddwn ni'n mynd trwy'r rigmarôl arferol o golli yn erbyn y Cofis pnawn 'ma, efo'r gwynt yn nesu at 60 milltir yr awr, ac afon Glaslyn yn llenwi mwd y Traeth fel tywod, yn chwythu dŵr iddo fel i falŵn, ac yn ei wneud yn drwm. Ond mae Bro Madog mewn cwpan; mae pentrefi Llanfrothan, Croesor, Prenteg a Nanmor wrth y graig o'u cwmpas, a'r mynyddoedd, yr Wyddfa a'i chriw, yn dal y tir gwastad mewn coflaid gynnes lle bu'r môr.

Efallai na fydd ots am y tywydd heddiw. Does gen i mo'r syniad lleia o ba gyfeiriad mae'r gwynt yn chwythu, ond ei fod o rywle'n dod. Yr un fath, mae'r neges pan ddaw, toc ar ôl hanner wedi un, yn ddirybudd. Mae'r gêm ymlaen!

Yn y diwedd, 'dan ni mond deng munud yn hwyr.

'0-0', medd Dylan Rhos-lan wrthyn ni ar y ffordd i mewn, ac ymlaen heibio dwsinau o gefnogwyr, i gyd mewn anoracs a chotia gaea – ninna heb gael amser i godi'r fflag, chdi heb fod yn y coch a du hyd yn oed, finna mewn siwt grand gwbl anaddas – nes ein bod yn sownd y tu ôl i'r gôl. Ond mae'r Traeth fel mynwant efo'r glaw yn chwipio i mewn, a'r Cofis yn ymosod eto ac eto efo'r gwynt wrth eu cefnau. Mae hyd yn oed y Cofi Army yn dawel a hwythau wedi hel yn y sied fawr wrth y fflag yn y gongl, fel gwartheg mewn beudy.

Mae'n rhaid mai *déjà vu* sydd wrth wraidd y tawelwch nefolaidd hwn. Mae rhyw anesmwythyd yn y tir.

Yna, ar y Traeth, dwi'n cael gweledigaeth ryfedd. Yn arwydd o'i gefnogaeth i frwydr Catalwnia dros ryddid, mae Clwb Pêl-droed Porthmadog yn gwahodd FC Barcelona i Port. Mae Barcelona yn derbyn y gwahoddiad, yn gweld rhamant yr ymweliad ag Eryri i chwarae pêl-droed ar gae gwair efo prin 500 o seddi, tyrnsteils yn rhydu, goliau yn gorweddian yn ddi-rwyd ar eu hochor tu ôl i waliau concrid, carafán wedi'i pharcio wrth ymyl hen *police box* nad oes neb mo'i angen, a hysbysebwyr yn canmol *chippies*, garejys a safleoedd adeiladu Llŷn ac Eifionydd yn gyfle i ddal dychymyg y wasg ryngwladol, a thynnu sylw newydd at ymgyrch flinderus mae Llundain a Madrid eisiau anghofio amdani.

Mae Barcelona yn cyrraedd mewn bws sy'n ddigon mawr i fod yn gorff awyren jymbo, horwth o beth glas sy'n sgrechian 'Baaarca!' ar hyd ei ochr. Mae'n parcio wrth gefn teras isel sietiau sinc coch a du Port ac mae'r chwaraewyr yn disgyn yn eu *headphones* a *trainers* Nike *bespoke* yn ymyl y cae hyfforddi cyn cerdded ar draws y graean a mynd i mewn trwy'r giât sy'n cael ei dal yn agored gan Dilwyn, Carwyn a Meirion. Heibio'r *clubhouse* a'r gegin, ac mae Messi yn camu o flaen y brif eisteddle ac yn diflannu i'w chrombil. Mae Estelada Port yn cyhwfan yn y gwynt. Rwyt ti yn dy le arferol wrth y llwybr sy'n arwain o'r stafelloedd newid i'r cae, ac wrth i Messi ddod allan rwyt ti'n ei anwybyddu'n boléit cyn cael *high-five* gan Cai a'r hogia i gyd ar eu ffordd i'r tir sanctaidd. Mae Phil yn ei siwt orau yn camu'n dalog allan i'r cae ar gyfer derbyniad dinesig ac...

... mae Cai yn dwyn y bêl oddi ar un o amddiffynwyr Gnarfon ar ymyl y bocs, ac yna efo rhyw dro Hal Robson-Kanu-aidd yn cael neb rhyngddo a'r gôl, ac mae'r bêl wedi'i fflicio dros y goli, a heibio iddo, ac i mewn i'r rhwyd. Mae Cai yn mynd y ffordd arall i'r bêl, heibio'r postyn ac yna, o flaen y Quarry End, yn gwneud *pirouette* fel dawnsiwr bale, y ddwy fraich allan wrth ei ochor i gadw cydbwysedd, cyn troelli eto, a dyrnu'r awyr i gyfeiriad Wltras Port. Mae'r Quarry End yn ateb 'Ieeee!!! Wwwww!!!!' a'r bangio mawr yn cychwyn a'r bangio mawr yn darfod a dyma'r Wltras yn canu:

Hogia ni, hogia ni,
Tydi'r Traeth ddim digon mawr i'n hogia ni.
Ma Gareth Bêl yn eitha da
Ond ma Cai Jôns yn well na hynna
Tydi'r Traeth ddim digon mawr i'n hogia ni.

'Dad, ga i neud *pitch invasion*?' medda chdi ar ddiwedd y gêm, ac yng nghanol y gweiddi a'r bloeddio mae dau hogyn yn rasio o'r Quarry End cyn glanio rhyw bum llath oddi wrth chwaraewyr Port yn rhy nerfus i fynd atynt.

Mi fydda i'n meddwl weithiau fod y rhamant sydd ynghlwm wrth 'hen ieithoedd diflanedig' yn cael ei chyfleu gan bêl-droed mewn ardaloedd ôl-ddiwydiannol hefyd, a'r clybiau'n atgof o fawredd oesoedd cynt pan oedd ffatrïoedd a chwareli a phorthladdoedd yn dwyn cyfoeth ac urddas dyn i bedwar ban byd. Pruddglwyf tebyg i'r un am ieithoedd darfodedig ydi'r pruddglwyf am hen derasau pêl-droed sy'n dadfeilio, tusŵau o laswellt yn codi trwy graciau yn y concrid, a'r sment yn disgyn yn gerrig mân oddi ar hen waliau. Mae'r estheteg ramantaidd yr un mor berthnasol i hen chwarel wedi cau, neu gae pêl-droed wedi gweld dyddiau gwell, ag y mae i Gwm Pennant Eifion Wyn, ryw bedair neu bum milltir i'r gogledd o'r harbwr lle cafodd y bardd ei eni, un o'r llecynnau mwyaf diddorol yn sir Gaernarfon yn y bedwaredd ganrif ar bymtheg.

Hawdd gweld fod y Traeth yn rhan o ramant Porthmadog, fel ei threnau stêm a'i harbwr bach, a'r cwbl yn tystio i'r adeg pan oedd llechi yn cael eu hallforio i'r byd. Y cei a'r llongau mor dynn yn ei gilydd mi fasa wiwer yn medru croesi o Ben-y-Cei i South Snowdon Wharf heb fynd i'r dŵr.

O, na fasa'r hen Eifion Wyn, clerc a chyfrifydd y North Wales Slate Co., prydydd o fri, wedi sgwennu mwy am y Port ei hun, Tiger Bay y gogledd, fel gwnaeth Daniel Owen am yr Wyddgrug, a Zola am Baris, a J. Glyn Davies am longwrs Nefyn, yn hytrach na malu awyr yn ddiamcan am flodau'r ddôl ac elyrch gwynion.

Ond tydi pruddglwyf rhamant byth yn felys heb ecstasi achlysurol sy'n cysylltu poen y byd hwn â gwyrth yr anghyffyrddadwy, a nef wen rhyw hiraeth arall. Felly roedd hi ar y Traeth wrth i mi sbio arna chdi a Mogs ar y cae wedi'r fuddugoliaeth yn erbyn y Cofis.

Wrth fynd adra, dwi'n rhoi cân The Proclaimers 'Sunshine

on Leith' ymlaen yn y car, cân fawr ramantaidd arall yn talu teyrnged i borthladd ôl-ddiwydiannol a'i thîm pêl-droed:

> While the Chief puts sunshine on Leith
> I'll thank Him for His work
> And your birth and my birth.

13

Hogyn Port

Cynghrair y gogledd, Hydref 28
Port 9:2 Queens Park

Llun: Nigel Hughes

YDI RHYWUN WIR yn perthyn? Dyna gwestiwn mae'n rhaid i bob dyn dŵad ei ofyn yn hwyr neu'n hwyrach, neu, os ydi o'n gall, yn gynt. Digon hawdd i mi fy nhwyllo fy hun fy mod yn perthyn wrth groesawu beicwyr y British Legion i Fryn Coffa ddydd Sul i lansio apêl codi pres at Sul y Cofio. Does yna ddim byd yn fwy preifat, a chywir, mewn bywyd cymuned na'r coffáu hwn, ac yn aml iawn mewn cymdeithasau dosbarth gweithiol, y British Legion ydi'r sefydliad mwya lleol yn y dref. Gallwn fod wedi coelio fy mod yn perthyn nos Iau hefyd pan wnes i yrru, gyrru, gyrru am bedair awr solat er mwyn cyfarfod yn festri Salem i *wrando* ar gynlluniau Ymddiriedolaeth Rebecca i ddosbarthu cyfran o waddol hen dollau'r Cob. Ers talwm, byddem yn cael ein berwi'n fyw fel crancod mewn pot yn disgwyl ein tro i dalu pum ceiniog i groesi'r Cob, a dyma fi rŵan mewn festri efo llun Eifion Wyn ar y wal yn clywed am y gwobrau ddaw yn sgil y dioddefaint.

Ac yn sicr, roeddwn yn tybio fy mod yn perthyn nos Fawrth, yn festri Salem eto, wrth draddodi'n hirben yng ngŵydd aelodau Clwb y Garreg Wen, cymdeithas drafod Port, a braint aruthrol i mi fel dyn dŵad, a'r aelod ieuengaf hefyd, oedd derbyn gwahoddiad i ymuno â'r senedd hon. Fy mhwnc oedd 'Adfywio'r Port', truth gwybodus am geisio troi'r swyddfa dreth yn ganolfan gwasanaethau Cymraeg Llywodraeth Prydain, a sylw mwy dadleuol am roi *wrecking ball* trwy'r Ganolfan a chael adeilad mwy addas yn ei lle, efallai efo ffenestri a gwydr a chaffi a bwyty yn wynebu'r harbwr, yn hytrach na choncrid.

A thybiais wedyn fy mod yn perthyn llynedd, yn aelod o'r ddirprwyaeth o'r Cyngor Tref a gyfarfu â Leanne Wood er mwyn trafod y swyddfa dreth, a diolch i Sel am ei arweiniad cadarn. Yn y llun swyddogol, dwi'n sefyll wrth ochor Tabor yn y rhes gefn, a golwg anghyffyrddus arna i.

Ond ydw i'n perthyn go iawn? Go brin. Pobol Port ydi brodorion Port, ac er bod medru Cymraeg yn prynu ticad i ddyn dŵad fynd i seiat, nid ar sefydliadau sifig yn unig y bydd unrhyw gymuned yn byw. Dywed Cynog Dafis yn ei hunangofiant fod ei brofiad fel dyn dŵad yn Nhalgarreg wedi bod yn gyfoethog iawn, ond fedrai o ddim treiddio i fyd hen deuluoedd y cylch. Na finna yn Port. Ac mae hynny am fod Port, mewn ffordd wrban sy'n od o debyg i gefn gwlad Ceredigion, yn gymdeithas sefydlog iawn.

Calon Port ydi tai teras bychain y plethwaith o strydoedd efo enwau daearyddol (Snowdon Street, Glaslyn Street, Madog Street, East Avenue) sy'n croesi ei gilydd yn Americanaidd yn nwyrain y dref. Yma mae rhai o'r golygfeydd mwya eiconaidd. Dacw Snowdon Street sy'n arwain allan o Port fel *yellow brick road* y *Wizard of Oz* heibio'r Legion a'r Saw Mill ac o dan y *bypass* i'r Traeth ac yna tua'r gorwel, ond nid yr Wyddfa sydd ar ei phen draw yn codi fel Toblerôn i'r awyr ond y Cnicht. Dyma'r tai hefyd sy'n cael lle mor amlwg yn fideo enwog Duffy,

Rockferry, sy'n arddangos yr ardal i gyd o gopa Bryn Coffa mewn seliwloid du a gwyn yn ddi-raen; byd gerwin, rhamantus o ddiramant. Y tai teras hyn, a dau blentyn yn siglo yn yr awyr yn silwét ar Cae Crap mewn mwrllwch yn erbyn wybren lwyd, ydi delwedd Port gerbron y byd.

Dyma *inner city* Port – drysfa o gefnau tai, hen gapeli, siediau sinc, gweithdai o'r oes o'r blaen, a rhwng y strydoedd iawn, y clystyrau bychain blêr o aneddleoedd yn llenwi hynny o dir oedd yn weddill ar ôl i bawb arall gael eu siâr. Mynd ar goll yn un o'r cilfachau hynny wnes i pan ges i gipolwg am y tro cyntaf ar El Dorado wrth geisio cael hyd i Gapel Wesla yn y tywyllwch. Dos ar hyd Chapel Street, meddai hi. Yna troi wrth yr ail neu'r drydedd lôn fechan i'r dde, a dyma fi'n gwneud, gan ymbalfalu heb olau. Ac yna daw rhes fechan o ddau neu dri thŷ lled fawr i'r golwg o'r niwl fel ynys ynghanol môr, ac o fynd yn dy flaen, dwi'n siŵr y medri di gyrraedd El Dorado. Ond yn yr oerfel mawr, mae'n well troi i'r chwith a mynd heibio beth sy'n edrych fel un o fynwentydd bychain Port, neu hwyrach mai gardd sydd yno, a dilyn llwybr yn arwain at ddrws heb ei beintio ac yno yn yr ail stafell, efo un gwresogydd ar y wal wedi'i gynnau, mae cyfarfod arall yn disgwyl amdana i.

Mae gorllewin Port wedi gweld mwy o 'newid' na'r dwyrain. Draw wrth y cei mae'r hen dai lle roedd llongwyr yn byw yn y bedwaredd ganrif ar bymtheg, a'r tai tafarnau lle roedden nhw'n yfed, a phobol yn cwffio gyda'r nos efo cyllyll a dyrnau, a'r 'grisia mowr' sy'n codi am y Garth a phreswylfeydd capteiniaid. Ym Mhen-y-Cei roedd morwyr tramor a morwyr Cymraeg yn dod i'r tir mawr i ffwcio hŵrs am hyn a hyn o geiniogau. Fel mewn porthladdoedd yn gyffredinol, roedd y diwydiant rhyw yn rhan o economi'r Port. Erbyn hyn, bu *gentrification* ar hyd y cei ac er bod sawl hen deulu Cymraeg yn y cylch o hyd, a'r Cymry yn wir yn y mwyafrif, mae Cymry'r gorllewin yn cadw cwmni i dai haf a chlwb hwylio.

Felly, dwyrain Port ydi craidd Port: tai teras, stad Pensyflog, stad ddosbarth canol Maes Gerddi a'r Ddôl, sy'n debyg i'r stad dai honno yn *Monica* Saunders Lewis. Dwyrain Port ydi'r ardal

Gymreiciaf trwy Gymru gyfan y tu allan i dref Caernarfon a'i *commuter belt* sector cyhoeddus. Mae'n fwy Cymraeg na Stiniog a Pwllheli a Nefyn a Traws a Llanuwchllyn a llwyth o lefydd eraill y byddech chi'n tybio, efallai, fasa'n Gymreiciach. Mae hefyd yn ddifrifol o leol yn ei gysylltiadau cymdeithasol. Mae'n atgynhyrchiad perffaith o'r Gymru Gymraeg drefol a fu.

Tasa gweddill Cymru'n diflannu, mi fasa bywyd Port yn parhau, heb ei gyffwrdd. Fel homolog, mae bywyd mewnol Port yn atgynhyrchu gwead cymdeithasol rhannau eraill o Gymru, ond mae ar wahân, am fod Port ar wahân i Gymru, am nad oes neb yn dod i Port ond pobol Port. Does 'na ddim Twthil neu Bantycelyn neu Dreganna yma, mannau hel a didoli'r dosbarth canol Cymraeg, llefydd cyfarwydd mae pawb Cymraeg cosmopolitan yn mynd drwyddyn nhw yn eu tro, lle gallwch chi gwrdd â'r byd o eistedd yn y Blac Boi neu'r Lolfa Fawr neu'r Chapter. Pobol Port bia Port. Gweriniaeth Port. Porrrrrrt. Mi ddudis i hyn unwaith dros baned yng Nghaffi Portmeirion, *Port* (finna wrth y bwrdd crwn, Treflyn wrth y ffenast ac un o'r Wltras yn dechrau croesi'r stafell tuag ata i er mwyn sôn am yr angen i gribinio gwaelod yr harbwr a dympio mwd di-angen ynghanol y môr), ac meddai hi, 'Mae 'na lefydd yng Nghymru fel'na, wst ti.'

Mae tipyn go lew o gefnogwyr Port yn byw yn Port ei hun, a'r swyddogion hefyd, ac yn y Stesh, y dafarn ar blatfform y stesion mae ei drws cefn yn wynebu Pensyflog fel drws ffrynt yn wynebu parlwr, mae *pennant* Port yn hongian yn falch ynghanol y Leeds Uniteds a'r Man Us a *memorabilia* Cymru. Ond dwi'n yfed yn yr Aussie ac nid yn y Stesh efo criw Pensyf. Dydw i ddim yn un o hogia Port, a fydda i byth, a fasa 'na ddim modd i mi ddod yn un chwaith. Fedrwch chi ddim ennill etholiad i ddod yn hogyn Port, neu gael aelodaeth anrhydeddus ar ôl hyn a hyn o anerchiadau cyhoeddus; mater o fagwraeth ydi hi, ac mae gan Port ei hacen ei hun sy'n floesg ac yn unigryw.

Wrth gwrs, mae gan y mewnfudwyr Cymraeg eu lle yn y dref. Fel cynifer o drefi'r gogledd a'r gorllewin mae Port wedi elwa llawer ar bobol sydd wedi symud i mewn o'r wlad o gwmpas.

Ond mae hyd yn oed y mewnfudwyr Cymraeg yn ymwybodol o'u mewnfudrwydd, ac weithiau byddan nhw'n crybwyll wrtha i'n ddistaw bach mai nhw sy'n rhoi'r wmff yn y dre. Mae pobol Port yn medru bod yn surbwch, meddan nhw, ond mae'n anodd gwybod faint o goel i roi ar hynny am ein bod i gyd, yn ein gwahanol ffyrdd, yn surbwch. Ac fel arfer mae'r mewnfudwyr Cymraeg wedi priodi rhywun o Port, neu'n yfed efo hogia Port, neu'n helpu allan efo genod Port, ac mae edliw i'r brodorion yn fater o edliw i'r teulu, ac yn fath ar gariad.

Y Traeth ydi eglwys gadeiriol Port ac fel eglwys gadeiriol mae'n tynnu cynulleidfa o'r wlad yn ogystal ag o'r dref ei hun. Fel ym mhob clwb pêl-droed o safon, does dim modd cael tîm cyfa o hogia lleol. Mi fydd cwyno am hyn ar brydiau, a hogia Port yn mynnu dial wrth fynd i Penrhyn i chwarae ffwtbol, fel mae hogia Bala yn ei wneud yn Llanuwchllyn. Ond hyd yn oed efo chwaraewyr dŵad, mae'r clwb yn Bortaidd iawn, ac yn fwy lleol na'r rhelyw. Mae'r rhan fwyaf o'r chwaraewyr o Wynedd, efo ambell gymudwr o Fôn a Dyffryn Conwy, er bod Chaplin yn byw ar lannau gorllewin Clwyd. Mae Port yn rhy anghysbell i ddenu *journeymen* o Lannau Merswy fel sy'n digwydd yn y Welsh Prem, ac wrth chwarae yn erbyn timau o'r gogledd-ddwyrain mae'r Gymraeg yn rhoi mantais iaith gyfrin i bawb.

Ond mae un chwaraewr sy'n fwy lleol na'r rhelyw. Hogyn Borth ydi Cai, ond pan ddoth yn dad roedd o'n gorfod derbyn mai pentre tai ha ydi Borth. Symudodd yr hanner milltir i Port i wneud nyth ymysg y tai teras. A thrwy fod Cai Borth yn Port, 'dan ni'n ei weld mewn bywyd go iawn weithiau, ac yntau ar y ffordd adra o'i waith yn iard deunyddiau adeiladu Huws Gray. Unwaith, roedden ni'n mynd i le fferins-am-bunt Mwnci Melys pan wnaeth Cai ymddangos o nunlle. 'Iawn, mêt', meddai fo wrtha chdi y tu allan i Thedford House, a dy geg ar gau fel tasa gen ti ei llond o dda-da, roeddet ti mor swil.

Heddiw mae Cai ar y Traeth. 'C'mon Port, chwipiwch nhw!' ydi'r floedd. A'u chwipio nhw 'dan ni'n neud hefyd wrth guro 9-2, ein buddugoliaeth fwya ers 14 o flynyddoedd, ac mae Cai yn cael *hat-trick*. *Hat-trick* Jones!

Mae'r Wltras ar ben eu digon ond dwi'n gwybod y byddi di'n drist uffernol o fod wedi colli'r fuddugoliaeth fwya gaiff Port am flynyddoedd.

'Curo bob tro pan dydi Junior ddim yma,' meddai Young Rhydian.

'Lle mae Junior?' gofynna Carwyn.

'Ban i Junior, cheith o ddim dod eto', meddai Dil.

Pryd ddaw cyfle arall i chdi weld buddugoliaeth fel hon? Ond mae'r Wltras wrth eu boddau yr un fath ac mae un o'r criw pensiynwyr sydd wedi bod yn dilyn Port ers dyddia Mel Charles yn stopio i gael gair.

'Wsnos nesa, mi fyddan nhw'n rhoi abacus am ddim i ni ar y ffordd i mewn.'

14

C'mon Midffîld

Cwpan Cymru, ail rownd, Tachwedd 4
Port 10:0 Penley

WSNOS NESA, MAEN nhw'n rhoi abacus am ddim i ni ar y ffordd i mewn.

'Pam bod nhw 'di switshio'r gêm i'r Traeth?' dwi'n ei ofyn i'r Wltras.

Dwi wedi bod yn edrych ymlaen at y trip i Penley ers i'r enwau ar gyfer ail rownd Cwpan Cymru gael eu tynnu o'r het. Dwi erioed wedi bod ym Maelor Saesneg o'r blaen, y darn yna o Loegr sydd yng Nghymru trwy fod y ffin i'r dwyrain o Wrecsam yn gwthio i mewn i'r gwastadeddau Seisnig fel penelin, a wela i ddim pam na fedrwn ni ffeirio'r job lot am Groesoswallt mewn *land swap*. Mae Penley mor Seisnig roedd y trigolion yn ymbil am gael ymuno â swydd Amwythig yn y bedwaredd ganrif ar bymtheg. Yn rhan o blwyf Ellesmere ar un adeg, bu'n driw i Esgobaeth Lichfield yn Lloegr tan ddatgysylltiad yr Eglwys yn 1920. Pe bai pleidlais eglwysig wedi bod, does dim dwywaith na fyddai wedi aros yn Lloegr. Ond dyna ni, os ydi Cymru am fod yn wlad go iawn, mae'n rhaid iddi ddysgu sut i ddwyn darnau o wledydd pobol eraill yr un fath â phawb arall.

Mae penderfyniad Penley i droi cefn ar y cyfle i gael gêm adra a dod yn *giant-killers* yn un anodd ei ddeall, a'u cais i'r Gymdeithas Bêl-droed i chwarae'r gêm yn Port yn rhyfedd iawn, a'r datganiad eu bod yn gwneud hyn am 'Na wnaethom erioed gyrraedd mor bell yng Nghwpan Cymru ac oni bai fod rhyw wyrth, efallai mai hon fydd y gêm olaf inni yn y gystadleuaeth eleni, ac felly byddai chwarae ein "ffeinal" ni ar gae ardderchog CPD Porthmadog yn ddiweddglo teilwng' yn trin y cwpan fel gêm elusen.

'Arthur Picton sgwennodd hwnna, ma raid,' medda fi. 'Pwy ma'r jocers 'ma'n meddwl ydan nhw – Bryncoch?'

'Pump neu chwech maen nhw'n cael adra,' meddai un o'r hogia wrtha i ar deras Port. 'Fedran nhw ddim delio efo'r Wltras i gyd yn troi fyny, a dwn i'm faint o *groundhoppers*. Maen nhw'n chwarae ar dir ysgol – waeth i chi gael gêm ar gaeau chwarae Ysgol Eifionydd ddim. Sgynnyn nw ddim ffordd i gymyd pres, a fedran nhw ddim fforddio talu'r reff.'

'Pam na fasan nhw'n trefnu raffl?' medda finna'n ddifynadd, ateb cymunedau Cymraeg Gwynedd i bob anhawster.

Ond mae'r Wltras yn fy rhoi ar ben ffordd. Mi wnaeth tîm dan ddeunaw Port deithio i Penley i chwarae gêm gyfeillgar yn erbyn tîm *llawn* Penley yn yr ha, a thrwy ryfedd wyrth mae adroddiad am y gêm ar wefan y *groundhopper* enwog, y Groundhog. Dwn i'm a oes disgrifiad gwell o bêl-droed yng nghyngreiriau is Cymru yn unman:

> When I got to the School Lane ground, I noticed with alarm that there were no pitch markings whatsoever. The only white lines were a javelin throwing arc, comprised of a run-up, then 10 metre

interval arc lines, starting from the corner of the pitch towards the half-way line.

From out of a shed behind the goal, a line marking machine appeared, with a reluctant Penley player tasked with drawing the lines. Kick-off was scheduled for 2pm, but it was already 2.07, the Penley player was struggling to get the line marking machine to 'draw' and was busy stripping it down. At times like this I get wistful, as if I'm outside of myself, peering in at me. A 38 mile trip to a school in Wales, to a pitch with no markings – what has this obsession done to me? I was assuredly the only spectator here who wasn't connected to either side. There were only 11 of us in total, anyway.

The line marking player kept stopping and looking depressed as if he was wondering whether he could be bothered finishing the job. His torpor was irritating me, he'd only done one byline and it was 2.20. The game was in danger of being called off due to apathy. I felt a strange connection to the equine spectator in the adjacent field, who was peering, long-faced, over his fence, watching proceedings. I felt his isolation and sense of helplessness.

The machine was taken over by a colleague, while the former came to terms with his existential impasse. The new handler marked the edges of the pitch, the 18-yard boxes and the halfway line only – it would have to do. The 18-yard box was the biggest ever seen, more like a 22-yard box, and looked like it had been designed by Gaudì, with curves to match the natural surroundings and undulations of the pitch. A more bizarre preface to a game I had not witnessed.

Mae golygfa gychwynnol rhaglen gyntaf erioed *C'mon Midffîld* yn codi'r ddefod yn fotiff. Mae Wali ar gae ffermwr lleol yn ei grys *chequered* gwyn a'i fresus enwog, a'r beret trêd-marc, yn marcio'r maes o flaen torf werthfawrogol o wartheg ar gychwyn tymor newydd. Fel ei gyfaill yn Penley, mae wedi cael llond bol ar wthio rhyw *lawn mower* cyntefig yn ei flaen, a 'dan ni'n ei weld yn stopio ac yn rhegi ar y gwartheg. Mae'r camera'n troi oddi wrtho ac yn edrych i lawr ar fisweilyn sy'n rhwystr i rediad syth y llinell wen. Mae Wali'n rhoi ochor ei welington yn ei ymyl, ac yn chwarae efo fo fel tasa fo am ei gicio i'r ochor, ond yna mae'n meddwl eto ac yn tynnu'r llinell wen mewn hanner cylch geometraidd amherffaith o gwmpas y rhagddywededig gachu. Mae'r camera'n panio allan, a 'dan ni'n gweld strib-strab y llinell wen y tu ôl i Wali a'r baw gwartheg bob rhyw ddeg llathen, a hanner cylch o gwmpas pob bisweilyn.

Mae'n arferol i ystyried *C'mon Midffîld* fel sylwebaeth ar y gymdeithas Gymraeg bentrefol yn ei chyfanrwydd, ac mae hynny'n wir, ond hawdd y gallwn anghofio ei bod yn sylwebaeth gymdeithasol ar fyd pêl-droed clybiau bychain hefyd, ac wedi'i seilio mae'n siŵr ar y math o ddiwylliant a geir yn y Gwynedd League a chynghreiriau tebyg.

Yn y byd yna, mae Port yn dîm mawr, pwysig, ac un o nodweddion *C'mon Midffîld* ydi cameos achlysurol timau mawr y gogledd: gêm elusen Bryncoch ar yr Oval pan mae Mark Hughes yn gwneud ymddangosiad ar ran y 'sêr', neu awydd George i seinio i Rhyl nes i Sandra roi cerydd iddo ei fod yn 'meddwl' ei fod yn ddigon da i chwarae i Rhyl, neu'r cwestiwn enwog 'na ar 'Bryn o Briten', 'I ba dîm o'r gogledd y chwaraeodd Mel Charles?'

Ac wrth wylio'r rhaglen hon am y canfed tro, dy hoff raglen yn y gyfres mi fyddet ti'n gweiddi ar dop dy lais, 'PORT!!!' Ie, Mel Charles, brawd John Charles. Mel Charles, arwr y Traeth. Mel Charles, Cymru a Port.

Rhan o atyniad *C'mon Midffîld* oedd fod sêr Bryncoch a'u ffrindiau o *Pobol y Cwm* yn teithio'r gogledd bob hyn a hyn yn dynwared gêm elusen Mark Hughes ar yr Oval. Yr ymddangosiad enwoca oedd 'brwydr fawr Maes Dulyn' pan galwyd sgarmes o gêm bêl-droed rhwng Bryncoch United a hogia *Pobol y Cwm* o flaen torf o 3,000 ar gae Nantlle Fêl.

Ond mi ddoth Tîm y Sêr i'r Traeth hefyd i godi pres ar ddechrau'r nawdegau, a hynny ar gyfer ymchwil canser wedi salwch Jimmy Havelock, *centre half* Port ar y pryd, gŵr sy'n cadw'r Stesh erbyn hyn. Mi brynais i'r rhaglen ym mocs hen raglenni ail law Port yn siop y clwb am hanner can ceiniog, ac mae'n llawn bob math o ddifyrrwch ac *asides* a thynnu coes, ond y peth gora ydi'r sgets, 'MAE ARTHUR A WALI AR EU

FFORDD I WELD Y GÊM FAWR, PORTHMADOG YN ERBYN YR "ALL STAR"':

Wali: Y . . . Troi i'r dde yn fama, Mr Picton. Dyna fo'r sein 'To the Beach.'
Arthur: Twmffat! Glan môr Black Rocks ydi fama!
Wali: Ond chi ddeudodd bod Port yn chwarae ar y Traeth.
Arthur: Asiffeta!

Sail y sgets ydi fod Port yn dîm mawr, a chwaraewyr 'perig' (sef pleâr o'r enw Peris) yn chwarae, a bod pobol yn dod i wylio Port (wel, weithia o leia), a tydi hyn ddim yn wir am Fryncoch:

Arthur: Ti 'di cael rhaglen i'r gêm, Wali?
Wali: Y, do ffanciw, Mr Picton. Ew, un da sgin y petha Porthmadog yma hefyd. Rhaid i ni ga'l program i gema Bryncoch.
Arthur: Twmffat! Does yna neb yn dŵad i'n gweld ni, nagoes!
Wali: Does yna neb yn dŵad i weld 'rhain chwaith...

Felly, efo Bryncoch (sori, Penley) yn dod i'r Traeth i chwarae gêm go iawn, mae rhyw awyrgylch carnifal o gwmpas y cae. Mae *sweepstake* ymysg yr Wltras – rwyt ti'n deud 7-0, dwi'n deud 10-0 – a 'dan ni'n glafoerio ac yn hel at ein gilydd fel siarcod y tu ôl i'r gôl. Mae un o Wltras teithiol Port o Fanceinion yn fy hysbysu mai fo ydi pencampwr y byd ar wneud uwd (bu hefyd yn fyfyriwr PhD yn y Jodrell Bank Centre for Astrophysics) ac mae hyn yn fy ngadael yn gegrwth.

'Dan ni bedwar i fyny erbyn hanner amser. Mae pob gôl yn cael ei dathlu ar yr *air horn*, ac erbyn yr ail hanner dwi'n gorfod esbonio wrth y plant sy'n aros eu tro i ganu'r corn nad oes yna hŵtio i fod yn ystod y chwarae ei hun, a rhaid iddyn nhw witsiad pum munud nes i ni gael gôl arall. Ymhen pum munud 'dan ni'n cael gôl arall ac mae'r plentyn dan sylw yn cael ei wobr. Dwi'n gweiddi 'Dwy arall!' pan 'dan ni wyth ar y blaen, ac ar ôl i ni gael y nawfed, mae Young Rhydian yn deud fod y corn yn swnio fel cantores soprano, a gobeithio ein bod ni 'di cael y nodyn ola ohoni. Mae 92 munud ar y cloc pan mae Julian yn cymryd cic o'r smotyn i roi'r ddegfed i ni. Er bod y gêm wedi'i switsio i'r Traeth, yn swyddogol bydd hyn yn cyfrif fel un o fuddugoliaethau mwya Port oddi cartre erioed.

'Dan ni'n canu, 'Deg-dim! Deg-dim! Deg-dim!' yn y Quarry End, a dwi'n deud wrtha chdi mai dyma'r unig dro yn dy fywyd byddi di'n canu 'Deg-dim!' mewn gêm bêl-droed, yn y Gymraeg o leia.

Ac felly mae Bryncoch yn mynd allan o Gwpan Cymru yn erbyn tîm Mel Charles. Mae'r hogia ddaru gael tynnu'u llun efo'i gilydd o flaen teras Port cyn dechrau'r gêm am mai'r Traeth ydi'r cae gorau maen nhw wedi chwarae arno fo erioed yn dychwelyd i'w Maelor Saesneg i fyd Sandra a'r Bull a rhyw Wali yn rhedeg y lein.

Ond dydd Llun wedi'r gêm mae pen bandit Penley yn rhyddhau datganiad swyddogol: 'Unfortunately I have to announce the sad news that Penley have folded with immediate effect.' 'Dan ni'n deall rŵan pam eu bod nhw wedi switsio'r gêm i'r Traeth. Gêm ola Bryncoch oedd hi, ac roedd Tecs a George a'r 'Paid â chwara efo hwnna, Harri' isio parti ffarwél.

15

Saeson Ni

Cynghrair y gogledd, Tachwedd 11
Port 3:0 Penrhyn-coch

Llun: Rhaglen CPD Porthmadog

ANGHOFIAIS I SÔN ble ges i'r rhaglen am Fryncoch ar y Traeth, neu o leia wnes i ddim gwneud datganiad llawn. 'Siop y Clwb,' meddwn i, heb ddeud pwy sy'n rhedeg y siop, na sut beth ydi'r siop. Ac am siop! Crysa a *hoodies* ar hyd y walia, a bocsys yn llawn geriach: cwdyn pres, petha dal goriad, beiros, bathodynna, sticeri ceir, sticeri ffenast (mae un yn ffenast dy lofft yn wynebu'r stad yn Llanrug); y cwbwl, wrth gwrs, yn gwneud defnydd trawiadol o goch a du. Hefyd, bathodynna clybia eraill (ond 'dan ni mond yn hel rheini pan 'dan ni'n mynd awê); hen raglenni pêl-droed, ac yn enwedig rhai Wrecsam, ail glwb llawer iawn o gefnogwyr Port; llyfra ffwtbol ail-law. Mae'r llyfra ar lawr fel tasan ni mewn sêl cist car.

Dwi'n edrych ar y crysa Port yn hongian ar y wal, a'r crys coch a du adra cynllun Joma efo'r llewys *half-cut* a rhimyn y goler yn codi ryw fymryn. Mae'n rhaid mai hwnna ydi un o'r petha dela yng Nghymru gyfan. Mi gawson ni'r fraint o fodelu'r crysau dros yr haf, ac mae ein llunia ni'n dau yn y rhaglen heddiw yn dangos hynny; mae fy llaw ar dy ysgwydd, ac mae dy droed dde ar ben pêl. 'I'm too sexy for my shirt, too sexy for my shirt, sooooo sexy it hurts. And I'm too sexy for Y Port, too sexy for Y Port, Tre-mà-dòg annnnnnd Y Borth.' Yn anffodus, mae fy mol cwrw i'w weld yn glir yn y crys gwyn a gwyrdd oddi cartre, sy'n rhy dynn o beth wmbreth, a dwi'n edrych fel 'swn i'n cadw ail bêl o'r golwg.

Meddai Young Rhydian wrth ddisgrifio'r llunia yn y rhaglen wedi gweld ei gyfle, 'Dyma'r anrheg Nadolig perffaith ar gyfer y cefnogwr brwd yn eich tŷ chi. Gallwch brynu'r clasur, ein crys cartref yn y lliw traddodiadol sef coch a du, neu beth am y dyluniad newydd a ddewiswyd ganddoch chi'r cefnogwyr ar ddechrau'r tymor? Crys gwyn a gwyrdd gyda phatrwm *checkerboard* arno. Caiff y crysau eu modelu gan un o gefnogwyr ifanc angerddol y clwb, a'i dad sydd yn gobeithio ennill cytundeb modelu gyda chwmni dillad o ganlyniad i hyn.'

Dwy ddadl sydd yn erbyn democratiaeth yn y byd yma – Brexit a chrys awê Port.

'Matalan Man,' meddai Dyl ar ôl gweld y llunia.

Bydd golwg arnon ni yn y cinio Dolig fel dau joci yn rasys Caer efo'r sgwaria llefrith a brocoli 'na, a'r *clash* ofnadwy, erchyll, efo'r bathodyn coch a du enwog; sgwner eiconaidd Port yn hwylio tua'r cefnfor i weld y byd. Ond does dim modd peidio cael y crys chwaith; byddai hynny'n torri ar y rhediad o grysau hôm ac awê sy gynnon ni acw.

Gan dy fod efo dy fam heddiw, dwi'n prynu un crys oedolyn oddi cartre, ac un crys plentyn oddi cartre, am £55. Mae braidd yn gynnar yn y tymor siopa Dolig, ond dwi newydd ennill £100 ar loteri Port, ac angen gwario'r enillion er lles y clwb.

'Bring it back if it doesn't fit him,' medd Nige.

'Should be all right,' medd Rose.

Ond mae fy llygaid yn disgyn ar raglen efo engrafiad coch pensil o'r Cnicht yn codi uwchben gôl y Quarry End, 'Portmadoc F.C. Welsh League Champions 1966-67 – Portmadoc v. John Charles International XI – Saturday, August 5th 1967'.

John Charles International XI ar y Traeth, Y Blew yn y Babell Lên, a rhyw ar Faes B – dydi o fawr o syndod fod wythnos gynta mis Awst, wythnos Steddfod y Bala, yn wythnos chwyldroadol yn hanes y diwylliant Cymraeg.

'Not for sale,' medd Nige.

'I was thinking of getting it for my son. I'm trying to get him into programmes.'

'If my mate doesn't pick it up next week, you can have it.'

Dwi'n prynu pedair rhaglen o ddyddia Port yn y Welsh Prem er mwyn diolch. 'That'll be a pound. 50p each normally, but a pound for you' ac yn y diwedd 'dan ni'n setlo ar ddwy bunt.

Dwi'n gwneud yn iawn efo Nige a Rose. Maen nhw'n etholwyr i mi yn Borth-y-Gest, ac mae'n ddefnyddiol i mi gael gwybod am broblemau Ralph Street a'r drafodaeth am *residents parking* a'r pryder fod cymaint o dai haf yn y stryd na fydd modd cyrraedd y trothwy ar gyfer gwneud cais am barcio preswylwyr os yw dros hanner y perchnogion yn absennol. Ond yn benna, dwi'n gwneud yn iawn efo nhw am fy mod wedi cadw siop o'r fath fy hun, ac mae'r profiad hwn yn croesi bob ffin o ran diwylliant, iaith ac oedran.

Yn geidwad siop Walton & Hersham FC ynghanol fy arddegau, ro'n i'n ceisio datblygu'r busnes wrth fynychu ffeiriau rhaglenni pêl-droed ar hyd a lled de-ddwyrain Lloegr. Roedd y ffeiriau hyn y petha tebyca i ffeiriau Cymdeithas Bob Owen, efo gwrthrychau prin a gwerthfawr ochr yn ochr â thunelli o bapur diwerth mewn bocsys symud tŷ. Byddwn yn cael pleser mawr o fodio rhaglenni Chelsea neu

Arsenal o'r 1930au, ac mi welais unwaith ffeinal Cwpan FA 1927 Arsenal *v.* Caerdydd, ond byddwn yn setlo yn y diwedd ar rai rhatach ond prin o'r 1960au, Wimbledon yn yr hen Southern League fel arfer, gan fod cryn fynd ar y rheini. Roedd prynu stoc i'r siop fel hyn yn codi dŵr i'r dannedd, ac yn debyg i'r pleser mae arwres Kate Roberts yn *Ffair Gaeaf* yn ei gael o brynu, a hithau heb foddion, y cwilt mae wedi ei ddeisyfu. Mae rhyw fwynhad esthetaidd a bodlonrwydd dwfn ynghlwm wrth brynu hen raglen pêl-droed fel sydd mewn prynu cwilt.

Diolch i Nige a Rose am gadw siop Port i fynd. Ble fyddwn ni hebddyn nhw? Mae siop y clwb yn bwysig i bawb sy'n dilyn Port, fel mae Mŵs Piws yn bwysig i yfwyr cwrw go iawn, a siop fara'r Big Rock ar gongl Snowdon Street yn haeddu ei henw fel siop fara orau Cymru. Saeson sy'n gyfrifol am bob un o'r mentrau hyn, ac er bod Cymry yn rhedeg llawer hefyd, o Siop Eifionydd i Cob Records, ac o Bocs Tois Paula i siop ffrwythau Dafydd a siop baent Phil, o Lili Wen i Glosters, ac o siop ddillad Davies i'r enwog Pike's, fyddai dim modd cadw economi Port i fynd heb Saeson. I ni sy'n byw yng Ngwynedd, y peth pwysig ydi fod rhywun yn barod i fyw yma. Mae'r Saeson sy 'di symud i'n plith yn byw yma, maen nhw'n cyflogi yma, maen nhw'n gwario pres yma, ac mae eu plant yn mynd i'r ysgol yma. Maen nhw'n rhan o wead ein cymdeithas.

Pan wnaeth Cyngor Port ddatganiad o blaid hawl Catalwnia i ymreolaeth (yr unig gyngor trwy Gymru gyfan i wneud hynny), cwynodd Cymraes o Port sy'n byw erbyn hyn yn yr Algarve y dylen ni fod yn canolbwyntio ar broblemau Port, 'CHARITY BEGINS AT HOME'. Ond sut fedrwn ni ymestyn elusengarwch iddi hi ar y seiliau yna, a hithau ddim yn byw yma?

Gorthrwm economaidd sy'n peri fod brodorion Gwynedd yn gadael, fel sy'n wir am allfudiad o ucheldiroedd yr Alban a de'r Eidal. Ond on'd ydi hyn yn gwneud ymrwymiad y rhai sy'n aros hyd yn oed yn fwy? Profiad ydyw, i'r dosbarth proffesiynol hefyd, o anfantais ar sail preswylfod, o orfod derbyn llai am eu llafur, o beidio â chael gwaith cyfaddas, neu o orfod cymudo'n wythnosol i Ddulyn, Manceinion, Llundain neu'r Sowth i ennill cyflog. Fersiynau wythnosol ydi'r mudwyr Cymraeg hyn o'r mudwyr tymhorol hynny sy'n croesi ffiniau gwledydd i godi maip neu werthu nionod: y ddau ddarlithydd coleg a deithiai o Lŷn i University College Dublin i ddysgu Cymraeg; y dynion camera yn aros mewn travelodges ar gyrion Manceinion am fod diwydiant teledu Gwynedd wedi'i chwalu gan y canoli o gwmpas yr M4; y cymudwyr sy'n gadael Eifionydd yn y bore bach am stesion Bangor ac Euston; y rhai sy'n gadael Arfon nos Sul i dreulio'r wsnos yng Nghaerdydd: dwi'n eu nabod i gyd.

Yn y gymdeithas hon, sy'n cwffio am ei bodolaeth, mae'r Sais dŵad yn perthyn, ac er bod Cymro neu Gymraes alltud mewn dinas ymhell i ffwrdd yn perthyn hefyd, mae'n perthyn llai. Os ydi cyflogau isel a diffyg strwythurau gyrfa yn nodwedd ar gefn gwlad Gwynedd, mae Saeson Port yn gwybod am y camwri hefyd, ond sut fedr neb sy'n byw yn y metropolis ddeall y rhwystredigaethau hyn sy'n uno Cymro a Sais?

Mae sawl Sais yn uniaethu â'r Cymry lleol, o safbwynt diwylliannol yn ogystal ag economaidd. Mae'n wir fod peth anwybyddu ar y gymdeithas frodorol ymysg rhai sy'n ymddeol, ac sy'n byw ar wahân i'r Cymry mewn pentrefi glan môr fel Morfa a Borth, a bod agwedd rhai o'r henoed at y Gymraeg yn llai nag iach. Ond teyrngarwch at gymdeithas Gwynedd a geir gan lawer, ymysg henoed Morfa a Borth hefyd, a mynegir hyn drwy aelodaeth o gymdeithasau a chlybiau sy'n annatod ynghlwm wrth hunaniaeth Gwynedd, er nad bob tro'n hunaniaeth Gymreig. Ymddiddori mewn hanes a hynafiaethau lleol, ymserchu mewn adar prin, gofalu am dirwedd ac am y traethau a'r mynyddoedd, codi ychydig o Gymraeg hyd yn oed. Rhan o'r Gwyneddeigrwydd hwn ydi cefnogaeth Saeson i'r clwb pêl-droed.

Mae Gwynedd yn wlad. Mae hi'n wlad fel mae Bayern yn wlad yn yr Almaen, Texas yn wlad yn yr Unol Daleithiau,

Profens yn wlad yn Ffrainc, a Sisili yn wlad yn yr Eidal. Fel bydd Josh yn ei ddeud wrtha i bob tro, 'I think we played well there, but you know what, we could have had six or seven.'

16

Gwerin Gymreig

Cynghrair y gogledd, Tachwedd 18
Port 1:2 Cegidfa

WN I DDIM os ydi mêt Nige yn bodoli ai peidio, ond does 'na ddim golwg ohono fo'r wythnos wedyn, ac mae 'Portmadoc *v.* John Charles' yn dod i'm meddiant. Ond nid John Charles yn unig, ond rhywbeth llawer prinnach – trysor yn wir, nid yn unig i Glwb Pêl-droed Porthmadog, ond hefyd i hanes y Port, ac nid yn unig hynny ond hefyd hanes cymdeithasol Cymru. Ac os bydd rhyw ragfarn fach, ddiniwed, Bortaidd yn y llyfrau hanes y byddaf yn eu hysgrifennu, bydd maddeuant, gobeithio, gan wybod nad ydi pawb yn gwirioni'r un fath.

Roedd Nige yn ddi-hid am y peth, ond ro'n i'n neidio i fyny ac i lawr fel Owain Myfyr newydd weld *Y Gododdin* am y tro cyntaf. Dyma'r trysor o'r trysorau: 'Football Association of Wales – Welsh Cup Quarter Final – Portmadoc versus Swansea Town – The Traeth, Portmadoc – Wednesday, 16 February, 1966 kick-off 3 p.m. – Official Programme – 6d.'

Am wrthrych gogoneddus! Dyma fi'n ei ddangos i Ian yn y Plu, Llanystumdwy y noson honno. Roedd Ian yn dilyn Port awê bob hyn a hyn pan oedd yn iau, ac er bod pawb yn y byd llenyddol yn meddwl mai cynghanedd a Wil Sam a Twm Morys a Thŷ Newydd ydi pethau'r Plu (mae'r rheini ymysg ei phethau hi, wrth reswm), ychydig a ŵyr, efallai, mai Port Central ydi'r Plu hefyd a bydd cefnogwyr, o ryw oedran arbenning, yn hel yno gyda'r nos i gymharu tîm 2017 â thimau mawr y 1950au a'r 60au. Stêc a pheint am £10.95, a Phil Ha Ha, Cadeirydd Port, yn rhoi ei ben trwy'r drws i dy gyfarch.

'Yn amlwg, doedden nhw ddim yn medru cael hyd i lun o'r gwpan ei hun,' meddai Ian, ac mae'n wir, mae argraffwyr y rhaglen wedi methu cael hyd i ddelwedd o gwpan hyna'r wlad efo draig a geifr yn gwarchod y Gymru wlatgar ramantaidd. Cwpan gyffredin, lond ei bol sydd ganddyn nhw yn ei lle.

'Dim Gŵgl yn 1966 i ffeindio llunia,' meddwn i, ac mae Ian yn rhoid *chuckle* hoffus.

Ond wrth droi'r dalennau, mae modd maddau pob rhyw fân-anweddustra. 'We welcome our English League visitors from South Wales...' ydi'r croeso direidus ac mae llun o dîm Port yno hefyd, a Mel Charles, brodor o Abertawe, ynghanol y rhes flaen yn yr hen sgwariau coch a du efo'i goesau o boptu'r bêl ledr.

Mae tîm Port yn llawn 'Grammar School masters', 'Welsh Amateur trialists', 'Amateur Caps', 'research students' a 'played for the Combined Welsh and English Universities'. Cyn-chwaraewyr Caerdydd, Norwich a Sheffield Utd, pêl-droedwyr trefi prifysgolion *red brick*, hoff gyrchfannau hogia a genod ysgolion gramadeg o gymunedau fel Pwllheli, Penrhyn a Port.

Roedd yr ysgolion gramadeg hyn yn fodd o gadarnhau, a gwrthsefyll, gorthrwm dosbarth. Mae syllu ar y llun yna o dîm Port yn dwyn i'r cof y bennod ddisglair honno yn *Beyond a Boundary* C. L. R. James sy'n dehongli system dosbarth a gorthrymderau hil a chenedl ynys Trinidad yn ei chyfnod trefedigaethol yn nhermau cyfansoddiad ei gwahanol dimau criced. Aeth James o'r Caribî i Lundain trwy'r ysgolion gramadeg hyn, fel aeth dy nain a dy daid (rhieni dy dad) drwy'r ysgolion gramadeg i Lundain o bentref chwarel yn y gogledd a chymuned lofaol yn y de.

Pan oeddet ti'n gwneud prosiect ysgol am dy hen deidiau a'r rhyfel, mae'n debyg dy fod yn rhy ifanc i weld arwyddocâd y ffaith mai glöwr o'r Sowth (ei fam yntau o hil Huwsiaid Stiniog), chwarelwr o Drefor, gwas fferm o ochra Dolgella a siopwr o Lanbêr oedd yr hen deidiau hynny. Roedd ein cyndeidiau yn byw drwy eu llafur. Roedd dy hen fam-gu o'r Sowth yn Wyddeles o dras, ac yn Gomiwnydd, ond er ei bod yn ddi-Gymraeg, pleidleisiodd dros Gynulliad yn 1979. Mi gafodd dy hen nain, fy nain i, ei geni yn wyrcws Gnarfon, a dy hen, hen nain ei rhoid yn seilam Dimbach am ei geni. Nac anghofia dy gyff, fy mab, canys rwyt ti o dras brenhinoedd a chaethion, arglwyddesau a phuteiniaid, gwlatgarwyr a bradwyr, fel gweddill dy bobol, fel gweddill y Cymry.

Nac anghofia ditha, chwaith, Rebeca...

Ond ymysg hogia prifysgolion *red brick* tîm Port, mae yna hogia arbennig iawn, hogia aeth i Rydychen a Chaergrawnt y byd pêl-droed. 'Ex-Manchester United' ydi Colin Webster, 'he has played in two European Cup Semi-Finals against Real Madrid and Inter Milan.' Enillodd chwech o gapiau llawn dros Gymru.

A Mel, wrth gwrs:

> What can one say of Mel, except that he has proved himself to soccer followers in North Wales this season what a truly great player he is. Has gained all major honours in soccer. Has played for Swansea, Arsenal and Cardiff City. Played for Wales 39 times and in 1 under 23 International. Was voted the best centre half of all countries competing in the last World Cup series. 28 years old.; 6ft. 1 ins; 13st. 8 lbs.

Sgoriodd Mel ddim ar y Traeth y dydd Mercher yna ond o flaen tair mil roedd Port ar y blaen ar ôl 20 munud trwy ddewiniaeth David McCarter, hogyn o Pesda: 'the fastest left winger in non-league football today, his only rival in League football is Spurs' Cliff Jones.' Mae angen y brenin ei hun, Ivor Allchurch, i'w ateb yn y munudau ola, ac yn yr ail gymal ar y Vetch mae Port yn colli 5-0. Ond am awr gyfan ar y Traeth, mae Port ar y blaen.

Mae'r holl sôn am hogia coleg yn gwneud i mi feddwl am eu cyfraniad i Wynedd drwyddi draw. Ar ôl y gêm, fel sy'n digwydd unwaith bob mis Tachwedd, dwi'n mynd i weld Bryn Fôn yn canu yn Penrhyn. Ond does fawr o neb o Port yn y noson sy'n biti garw oherwydd nid ffin ydi'r Cob i fod ond pont. Er gwaetha gagendor y Traeth Mawr sy'n torri Port oddi wrth Penrhyn fel afon Mississippi yn gwahanu Minneapolis a St Paul, dylen nhw fod yn *twin cities*.

'Aberstalwm' ydi'r *finale* wrth gwrs, anthem enwog Sbardun am dref ei fagwraeth. Mae'n cyfleu naws hiraethlon am fro a'i gwerin, lle mae 'corn y ffatri yn canu', 'Cliff a Rich a Sheila a Janice yn ca'l laff' a 'plant o Adwy Ddu yn hela lledod a nofio.'

> A hogia ni yn eu lledar du
> Ar strydoedd Aberstalwm,
> Amser maith yn ôl.

Cân am werin Gymreig gan hogyn coleg yn edrych yn ôl ar blentyndod coll. Cân am orfod ymadael. Cân ydi 'Aberstalwm' am alltudiaeth, ac felly'n gân am y gogledd a'r gorllewin i gyd. Ond mae'n gân i bobol Penrhyn hefyd ac mae bloedd fawr gan y genod yn y blaen wrth gyrraedd y geiriau 'Adwy Ddu'.

Hyd yn oed fel dyn dŵad, mi fedra i weld fod trefi Dyffryn Stiniog o'r Blaenau i lawr i'r Port yn rhannu nodwedd led gyffredin. Yn wahanol i Gricieth neu Gaernarfon, dyweder, ond yn debyg i Ddyffryn Nantlle neu Ddeiniolen, mae'r dosbarth canol yn weddol fychan. Mae'n bodoli, wrth reswm, ac yn cyflawni ei swyddogaethau disgwyliedig, arferedig yn ddel;

yn manio'r capeli a'r papur bro a gwahanol gymdeithasau gwirfoddol diwylliedig a llenyddol eu naws. Mae'n wrthbwynt pwysig i ddosbarth canol sylweddol a Seisnig ymfudol, a thrwy ei ddylanwad fel dosbarth brodorol ar fyrddau llywodraethu ysgolion ac mewn swyddi cyhoeddus eraill o bwys lleol, mae'n un o'r ffactorau sy'n cadw'r fro yn Gymraeg. Ond tydi rheolaeth y dosbarth canol Cymraeg ddim yn absoliwt, fel y mae ym mywyd Cymraeg Aberystwyth, Abertawe neu Gaerfyrddin. Mae gan ddosbarth gweithiol y cylch, crefftwyr a gweithwyr, ei ddylanwad; ar y Cyngor Tref, mewn sefydliadau sifig, ac yn y clwb pêl-droed. Yn hyn o beth, mae bywyd Cymraeg Gwynedd yn hollol wahanol i'r hyn a geir yn y de dwyieithedig, ac mae'n lletach o'r herwydd.

Mae gan y dosbarth gweithiol fwy o afael ar bêl-droed gymunedol yng Nghymru nag ar unrhyw wedd arall ar weithgarwch y gymdeithas. Mae bod yn gyfrifol am glwb pêl-droed yn ail adran Cymru yn gofyn am ystod o sgiliau ymarferol – mae angen gofalu am gae ac eisteddle a theras yr un fath ag mae angen llenwi ffurflenni llywodraethiant corfforaethol – ond mae mwy iddi na hynny. Byddai *bourgeoisie* cefnog yn datrys y broblem ymarferol drwy gyflogi gweithlu i wneud y gwaith caib a rhaw, ac yn wir dyna sy'n digwydd mewn clybiau proffesiynol.

Mae wnelo diwylliant pêl-droed y gogledd ag awydd i wneud cyfraniad dros bobol a bro. Heb bêl-droed mi fyddai gwead cymdeithasol ein broydd Cymraeg yn llawer tlotach. Bob bore Sadwrn mae tadau a mamau yn mynd efo timau dan 8, dan 10 a dan 12 i herio timau dan 8, dan 10 a dan 12 y pentre drws nesa. Tydi'r orchwyl ddim yn wahanol i eistedd ar gorff llywodraethu'r ysgol gynradd, a debyg ei bod yn bwysicach.

Roedd Mel ei hun o gefndir tlawd iawn yn Abertawe, ac yn wahanol i'r hogia coleg o'i gwmpas roedd yn anllythrennog. Ar y cae pêl-droed ei hun, mae gwahaniaethau dosbarth, hil, rhywioldeb ac iaith yn cael eu rhoi o'r neilltu. Ond mae'r clybiau eu hunain yn cynrychioli delfrydau cymdeithas. Gwerin llawr gwlad Eifionydd, Meirion a Llŷn bia clwb pêl-droed y Port, a hir y parhao eu teyrnasiad. Ar y Traeth, codir y caead ryw fymryn ar uchelgais a realiti gwerin Gymraeg.

17

Hefo'r comiti

Cynghrair y gogledd, Tachwedd 25
Rhuthun 2:2 Port

MEWN PÊL-DROED, FEL mewn ffermio, mae tywydd yn bwysig.

'Mi wyddoch chi hynny'n iawn,' medda fi wrth Terfynau, sydd mewn *stubble* a siwt a siwmper a chrys a thei Port odano, 'dach chi'n cael digon ohono fo tua Bryncir 'na.'

Mewn tywydd da, neu dywydd garw, mae gan bob un o'r Wltras eu lle cadw pan mae Port awê; wedi'u dotio rownd y cae mewn grwpiau o dri neu bedwar, a'r criw mwya o ryw bymtheg neu ugain wedi hel at ei gilydd wrth yr ystlys ryw ugain llath o flaen y gôl lle bydd Port yn ymosod, a finna a chditha, a Dyl a Mogs, o flaen y fflag y tu ôl i'r gôl. Yn yr ail hanner, mae geometri'r hanner cynta'n cael ei gadw'n berffaith, ond bydd wedi ei droi drwy 180° wrth i'r timau a'r cefnogwyr newid ochor. Boed haul neu hindda, mae gan bawb eu lle, a dim ond Dil sy'n rowndio'r cae, yn cyfarch pawb yn eu tro. Ond heddiw, mae mor oer ar wastadedd uchel, llydan, fflat Dyffryn Clwyd mae pawb yn rowndio'r cae i gadw'n gynnes, a dwi'n gweld Robin y tu ôl i'r gôl, a rhai o hogia Tremadog, ac mae'r fflag yn gorfod aros yn ei hunfan yn yr ail hanner am fod fy mysedd wedi cyffio gormod i mi fedru ei daffod.

Ydach chi wedi darllen *Greddf Miss Smilla am Eira*, a *Moby Dick*? Yr eangderau a'r tywydd a'r dieithrio mawr ar bobol, a'u hymwybod â lle; felly mae yn Rhuthun, y dref *picture box*: cae agored a'r gamfa yn arwain i gae agored arall lle mae pobol yn crwydro efo'u cŵn, Cymraeg rhywiog Dyffryn Clwyd ac Edeirnion ar wefusau hen ddynion ac ar wefusau'r plant hefyd. A'r tai tegan diangen ar lawr y dyffryn heb eu cwblhau. Ond mae'r cwbwl wedi'i rewi rywsut a dach chi'n methu cyffwrdd â'r byd o'ch cwmpas am fod oerfel yn arafu, ac yn eich rhwystro. Mae oerfel yn chwarae triciau â'r meddwl a'r cof. Mae hi mor oer dwi ddim yn teimlo'r blinder pŵl sydd yn fy nghoesau. Yn Nyffryn Clwyd heddiw, fel yng Nghymru, tydi'r byd ddim yn ei le.

'Iesu mowr,' meddai Terfynau yn uchel, 'cura fo!'

Ond does i sŵn mewn oerni ddim effaith. Fydd yna ddim adferiad heb wres, ac erbyn yr egwyl mae'n rhaid i mi geisio fy smyglo fy hun i mewn i'r *clubhouse* fel aelod o'r comiti i gael panad.

'Are we officials?' hola Morris.

'No, we're press,' meddwn i, a chwarae teg i'r *groundhopper* Cymraeg, Phil Stead, mae'n chwerthin.

Mae rhai ar y comiti am oes, mae rhai arno fo am ysbaid; dwi'n aelod achlysurol, anghyfreithlon yn dymhorol, rhwng diwedd Tachwedd a dechrau Mawrth, at ddiben cysur corfforol yn unig.

Yn Rhuthun, mae rhai o hogia comiti Port rownd bwrdd crwn yng nghanol y *clubhouse* yn yfed te: Dylan Rhos-lan,

Meirion a Dilwyn. Ac mae rhai o'r Wltras sy ddim ar y comiti yno hefyd: Rob yn ei grys Abertawe, a'i fêt, a fi. Dwi'n yfed te i geisio blendio i mewn, ond mae Rob yn yfed Foster's ac mae ei fêt ar y Magners.

'Gweld bo' chi 'di ca'l panad i gadw'n gynnas,' medda fi.

'Port 'dan ni. 'Dan ni ddim yn ei theimlo hi'n oer,' meddai Rob.

Chwarae teg i'r swyddogion. Maen nhw'n hael iawn yn dosbarthu aelodaeth anrhydeddus o'r comiti mewn gemau oer, a chwarae teg i swyddogion y clybia eraill sy'n cogio peidio sylwi ar y twyll. Mi fydda i bob tro'n cysylltu comiti Port efo dyddia oer, clir, croyw fel heddiw pan mae'r haul yn isel a'r gwair yn grimp.

Hogia'r comiti yn smyglo cacan Dolig allan i chdi am halff-teim yng nghanol gaea caled yn Dimbach ddwy flynedd yn ôl. Hogyn wyth mlwydd oed wedi fferru!

Fi a chdi yn Bwcle gaea diwetha cyn iddyn nhw ddisgyn yn ôl i gynghrair Wrecsam. Rargian, roedd hi'n oer! Ac roedd gen i *bronchitis* ar y pryd. Dydi'r dyn ddim yn gall! Diwrnod i fod ar y comiti yn sicr, yn *clubhouse* brics cochion Bwcle, yn yfed te ac yn bwyta *sausage rolls*.

Roedd yr oerni yn Bwcle fel niwl, ond rhyw niwlach rhyfedd yn effeithio ar y synhwyrau yn hytrach na'r golwg. O gae Bwcle mae un o'r golygfeydd anhygoel yna sydd yn y gogledd-ddwyrain. Mae fel tasach chi'n edrych i lawr ar wlad Lloegr i gyd: penrhyn Penbedw, tir amaeth swydd Gaer, a'r simneiau wrth yr M56 rhwng Ellesmere Port a Runcorn yn chwythu mwg a chemegau i'r awyr. Y dydd Sadwrn hwnnw, gallai'r Wltras weld y tiroedd hyn yn glir. Y tir benderfynodd y Saeson fod diben ei gipio yn cael ei weld o'r bryndir nad oedd o ddim.

Yn ôl yn Nyffryn Clwyd, yr ochor arall i'r bryniau, dwi'n gadael cynhesrwydd comiti Port ac yn dychwelyd i'r tawch rhewllyd, anghynnes, oer. Yn dychwelyd at y dynion ar y cae: at Gruff, Cai a Cynddylan.

18

Trip i'r de

Cwpan Cymru, trydedd rownd, Rhagfyr 2
Port 7:2 Pant-teg

DWI'N DY WELD di ar *Sgorio* wedyn, a S4C wedi mentro yma am unwaith, am ei bod hi'n gêm Cwpan Cymru. Chdi a Mogs yn pwyso yn erbyn y wal goncrid y tu ôl i'r gôl, golwg o syfrdandod ar dy wyneb, ond mae Mogs yn dathlu ac mae Dyl yn ffilmio. Dwi fel hogyn bach yn gobeithio bydd y camera teledu yn fy nal yn llechu yn y twllwch o dan do sinc teras Port, ac yn wir mae'n gwneud. Mae saith gôl wedi mynd i gefn y rhwyd. Yn yr olygfa yma, mae un o amddiffynwyr Pant-teg yn gorwedd ar ei gefn mewn dillad glas llachar. Mae ei freichiau'n cofleidio rhywun sydd ddim yno. Mae'r goli ar ei liniau efo'i ben yn y gwair, a'i ben ôl yn yr awyr. Mae'r bêl yn ddisymud efo'r dorf yn chwerthin ac mae un arall o chwaraewyr Pant-teg yn camu oddi wrth y gôl yn benisel. Dal eiliad mae camera. Dydi o ddim yn deud y gwir.

Trydedd rownd Cwpan Cymru ydi'r rownd gynta pan mae enwau yn cael eu tynnu o'r un het trwy Gymru gyfan yn hytrach nag yn rhanbarthol, a gan fod ail adran y gynghrair genedlaethol wedi'i hollti rhwng gogledd a de, dyma'r prif gyfle fel arfer i hogia Port gael trip i'r Sowth. Mae pawb yn ysu am drip yfed fel yr un gafwyd i Cardiff Met llynadd, lle wnaethon ni'n dau dreulio'r gêm yn canu 'Dwi'm yn licio blydi stiwdants!'

Tipyn o siom felly ydi gêm adra yn erbyn un o dimau mwya distadl Gwent ond o leia mae yn y *clubhouse* acen neu ddwy newydd ac mae rhywun yn sylwi fod yr iaith fain yn iaith Gymreig mewn rhannau o Gymru. Syndod gan hynny ydi diffyg diddordeb y cefnogwyr teithiol yn yr hyn sydd o'u cwmpas: dyma'r tro cyntaf i'r rhan fwyaf ohonyn nhw fod yn y gogledd, ond yn hytrach nag aros am benwythnos i gael golwg iawn ar Eryri maen nhw'n cyrraedd hanner awr cyn y gêm ac yn mynd hanner awr ar ei hôl. Maen nhw fel y ffans Cymru hynny sy'n treulio eu hamser mewn dinasoedd tramor bendigedig yn yfed lager mewn 'English Pubs'.

Ond os na fedrwn ni gael trip i'r de fel llynadd, o leia mi fedra i fynd yno yn fy meddwl fy hun. Mae Pant-teg yn chwarae wythnos nesa yng nghanol yr hen faes glo ar gae Penrhiwceiber Rangers a dwi'n sylweddoli o'r diwedd fod gen i a Phant-teg rywbeth yn gyffredin.

Mae'n 1986 a dyma fi'n mynd allan trwy giât rar gefn yng ngwaelod Railway Terrace, y drws pren glas golau efo paent wedi plicio sydd wrth ymyl y cwt glo oedd yn dŷ bach ers talwm. 'Dan ni'n mynd ar hyd y *gully* sy'n gwahanu Railway Terrace oddi wrth y teras islaw, ac yn ymuno efo Cynon Terrace. Mae hwnnw'n cysylltu yn ei dro efo Glasbrook Terrace. Wrth ymyl Glasbrook Terrace mae Glasbrook Field. Dyna lle mae Penrhiwceiber Rangers yn chwarae, ac o'n tŷ gallwn weld hyn a hyn o'r cae, a thu ôl iddo *winding gear* gwyrdd-ddu *Penrikyber Colliery* yn codi uwchben y pentref.

Roedd fy nhad-cu yn löwr ac yn nyrs yn y pwll, ac yn un o'r rhai cynta i gyrraedd Aber-fan lle treuliodd ddyddiau yng nghanol y slag, er na soniodd am hynny erioed. Fo oedd Cynghorydd Llafur Penrhiwceibr nes iddo golli'r sedd i Blaid Cymru. Hyd yn oed wedyn, mynychai gyfarfodydd cawcws y grŵp Llafur er mwyn sicrhau y câi pobol y pentref chwarae teg. Roedd yn Gadeirydd Mountain Ash Urban District Council yn 1969, ac aeth i'r Arwisgiad yng Nghaernarfon. Roedd yn ddyn ei bobol.

Heddiw, er bod ganddo docyn tymor ar gyfer Ninian Park, mae'n mynd efo fi i Glasbrook Field, o ran cymwynas yn fwy na dim. Mae'n siarad efo hwn a'r llall wrth gyrraedd y cae. Wrth gwrs, mae'n nabod pawb.

Streic fawr 1984–5 oedd digwyddiad mwya'r blynyddoedd hyn. Fel *voyeur*, mi wyliais i'r brwydrau mawr ar y teli rhwng byddinoedd canoloesol yr heddlu ar gefn eu ceffylau a milwyr traed y glowyr yn taflu cerrig atynt.

Roedd llawer o'r *pickets* o Ceibr wrth gwrs. Yn Ysgol Sul Peniel, y capel lle roedd fy nhad-cu'n bregethwr lleyg, roedd hanner y tadau ar streic. Mi welais blant yn cloddio am lo yn y tipiau bychain rhwng gwaelod Cynon Terrace a'r afon. Roedd golwg arnyn nhw fel Cymry'r bedwaredd ganrif ar bymtheg mewn *gold rush* yn yr Yukon. Daeth rhai o'r plant hyn atom yn y Blaid Lafur yn Walton am wyliau, ac mi aeth pawb i faes awyr Heathrow i weld yr awyrennau'n codi ac yn gostwng ar eu ffordd yn ôl ac ymlaen i Nairobi, Karachi a Bryniau Casia.

Beth sydd a wnelo hyn efo fi, hogyn o Lundain? Dim, wrth gwrs. Ond mae'n rhyfedd sut mae lleoliadau a chof yn cael eu cymysgu. Yn ystod fy mhlentyndod byddwn yn dychmygu mewn breuddwydion fod y pinwydd ar y gwastadedd y tu ôl i'r tŷ yn ne-ddwyrain Lloegr yn ymagor ar fryniau bychain a phant Cwm Cynon, fel bod modd cerdded o'r naill i'r llall, o dŷ fy rhieni i dŷ Mam-gu a Tad-cu.

Ac ar ôl gêm Pant-teg, mi ges i'r freuddwyd ryfedda. Mi

gerddais drwy'r pin i dirwedd ochor orllewinol y cwm lle mae tai Penrhiwceibr yn rowlio i lawr y llethr serth. Mae Daniel Williams, sy'n Athro yn Abertawe, yn fy ngwahodd i'r Mintys (tafarn nad yw'n bodoli) ac ar y ffordd dwi'n gweld Vaughan Roderick yn y *chippy*. Labyrinth o le ydi'r Benrhiwceibr ddychmygol hon, ac mae pobol Port yn cerdded heibio a dwi'n brolio wrth bawb pa mor uffernol o Gymraeg ydi bob dim. Yn y Mintys, mae senedd Cymdeithas yr Iaith yn gwgu arna i, ac yn troi cefn. Byddai'n well chwilio am dafarn arall felly, a 'dan ni'n gwthio i mewn i'r Ship.

Mae'r Ship yn llawn dynion ifanc caled rhwng eu hugian a deg ar hugian ac mae Cymraeg Port i'w glywed ar bob ochor a dwi'n brolio wrth bawb pa mor uffernol o Gymraeg ydi bob dim. Wrth gwrs dwi ddim yn nabod neb. Dwi'n sylwi ei bod yn hanner awr wedi pedwar y pnawn. Mae Port yn chwarae awê ar Glasbrook Field a dwi ddim yn y gêm. Mae'r dafarn yn hollol ddistaw heblaw am ambell un sy'n fy ngalw yn *cunt*. Mae pawb yn dawel am eu bod i gyd yn gwylio'r pêl-droed Americanaidd ar y sgrin, ac yna'n ddirybudd mae un o'r hogia'n cael ei luchio allan ar ei din, ac mae gwaed ar hyd y llawr. Mae fatha golygfa o *Clockwork Orange*.

Ystrydeb erbyn hyn gan bob gwleidydd ydi dweud mai'r streic glo a'u deffrodd yn wleidyddol. Fy mhrif gof inna o'r flwyddyn chwyldroadol honno oedd ymweliadau mwy cyson nag arfer â Ninian Park i weld Caerdydd yn ymlafnio yn ail adran Cynghrair Lloegr o flaen ychydig filoedd o bobol. A 'nhad-cu, y Cynghorydd Francis John Brooks, yn gadael i mi eistedd wrth ei ochor yn y *grandstand*, fel y gwnâi bob blwyddyn ers iddo fy arwain i Ninian Park yn 1975 am y tro cyntaf gan afael yn fy llaw.

19

Isio dynas

Cynghrair y gogledd, Rhagfyr 16
Gresffordd 1:1 Port

Llun: Bagsy Bones

Bob Dolig, mi fydda i'n rhoi rhywbeth i chdi yr ydw i ei eisiau fy hunan (fflag pêl-droed, er enghraifft) ac rwyt ti'n rhoi i mi beth rwyt ti ei eisiau (lego Star Wars, efallai). Dwi'n gwsmer rheolaidd yn Bocs Teganau Paula ar y Stryd Fawr, a'r plant hefyd, a fan'na o'n i, cyn teithio i'r gêm, yng nghanol y bocseidiau; y Millennium Falcons a'r resistance transport pods a'r Rogue One Rebel U-Wing Fighters. Pan dwi'n gadael Port, ac yn medru fforddio tŷ, meddwn wrtha chdi, mi fydda i'n prynu Death Star, ac mae hwnnw'n costio cannoedd o bunnoedd. Ond roedd hynny flynyddoedd yn ôl, ac yn Port ydan ni o hyd, ac yn Bocs Tois Paula o hyd, yng nghanol bocsys llai.

'Wel,' meddwn wrth Paula, 'hwn fydd ein Dolig ola, debyg.

Dwn i'm am ba hyd bydda i'n dŵad eto, a'r ferch yn ei harddega a fo'n mynd i'r ysgol uwchradd flwyddyn nesa.'

'Mi fydd rhaid i chdi ffeindio dynas, bydd,' meddai Paula, yn gweld ateb ymarferol i argyfwng economaidd.

Ac efallai fod ganddi hi bwynt. Ond dwn i'm sut mae gwneud, chwaith. Dwi wedi troi cofrestr etholiadol Gwynedd ben i waered yn meddwl am bosibiliadau. Rhaid iddi hi fod yn ei phedwardegau, neu yn ei thridegau hwyr, yn sengl wrth reswm, Cymraes yn sicr, yn oddefgar o academwyr (ond tydw i ddim isio academydd chwaith; mae un *neurotic* mewn tŷ yn hen ddigon), ac os nad ydi hi'n ymserchu mewn trafodaethau gwleidyddol a theoretig, o leia y bydd hi'n licio mynd i'r theatr (ond nid y *matinée* bnawn Sadwrn gobeithio). Serch hynny, fydd hi ddim yn rhy sych-dduwiol ac wrth ei bodd efo sesh dda efo Bryn Fôn hefyd. Mae angen i mi ei ffansïo, a hitha finna – dyn canol oed efo gwallt gwyn cyn ei amser a mymryn o fol cwrw, a sbectols Harry Potter siâp rong a wyneb fel un y Marshmallow Man ar *Ghostbusters*.

Pa mor debygol ydi hynny, mewn difri calon? A finna'n byw mewn ardal sydd wedi ei gwagio o bopeth ifanc a chanol oed a chanol oed cynnar. Lle 'sa rywun yn mynd i chwilio am ddynas pen yma? Whitehall? Penlan? Wetherspoons? Mae Port yn farwaidd gyda'r nos, ac mae hyd yn oed Pwllheli, er ei phrysured, yn hesb o ran merched yn yr oedran iawn. Mae sylw crafog ffrind o Chwilog yn deud calon y gwir.

'Oes 'na ferched sengl?' gofynnais.

'Oes 'na ferched?' atebodd o.

Does gen i ddim yr un reddf rywiol ysol ag oedd gen i yn fy ugeiniau, beth bynnag, ac er bod Freud efo ni ar hyd y daith, mae ein blaenoriaethau yn newid efo oed. Waeth i mi ddeud o ddim, does gen i ddim diddordeb o fath yn y byd mewn *one-night stand* bellach, ac er bod hynny'n medru digwydd, dim ond efo merched 'swn i'n licio eu canlyn y gall ddigwydd. Ac er 'mod i'n nabod un neu ddwy a fyddai, ar bapur, yn gymheiriaid da, dwi'n ffrindiau efo nhw'n barod, neu felly mae'n teimlo, a pham byddwn i eisiau bygwth hynny sy rhyngom efo awgrym,

ADRA

'Dyma fi a chdi'n mynd yno a stumio, chdi ar siâp seren fôr mewn *pose* pêl-droed; y ddau ohonon ni yn y coch a du.'

'Y Ddraig Goch anferth, ac o dan ei chrafangau, "Hogia Ni".'

'cic-abowt ar y Traeth'

'disgwyl ein tro i longyfarch ar y llawr caled o flaen y prif stand'

'yn llenwi'r stand canol'

'llechu yn y twllwch o dan do sinc teras Port'

''Dan ni yn y Quarry End.'

'Mae gan Dyl (*chwith*) a Young Rhydian (*dde*) flog Cymraeg yr un am y clwb.'

'Ac am siop! Crysa a *hoodies* ar hyd y walia, a bocsys yn llawn geriach: cwdyn pres, petha dal goriad, beiros, bathodynna; y cwbwl yn gwneud defnydd trawiadol o goch a du.'

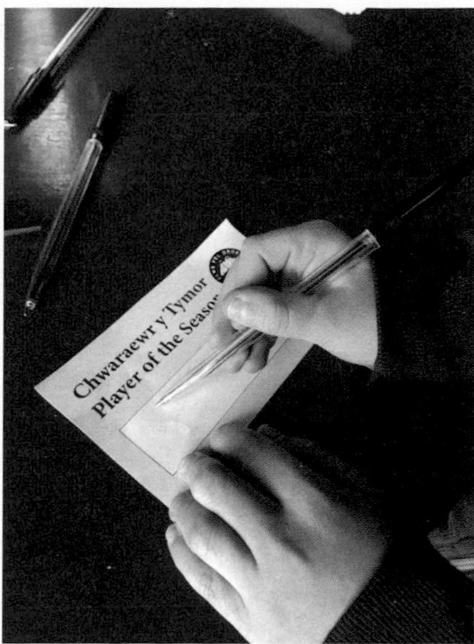

'gofyn am lofnod Cai ar y ffordd allan'

'Dwi'n dallt curiada'r drwm fy hun. O Port arall y daeth. O Hambro, Danzig, Lübeck, Rostock a Kiel.'

Dave – 'Mi fethes i'r gôl.'

Hywel – un o Wltras Port

'Fel arfer mae Enid, sy'n un o hoelion wyth bywyd Tremadog, y tu ôl i'r bar. Mae cyfraniad y merched hyn i'r clwb yn aruthrol.'

'Byddai Dylan Rhos-lan wedi dy adael di i mewn hebddo, ond mae'n braf ei ddangos yr un fath.'

'nôl rhaglen'

'Gareth a'i feibion, Emyr ac Iwan (*yn y llun*) – hogia Ffestiniog a dyma ddibyniaeth Port ar Stiniog yn dod i'r fei unwaith eto.'

Llun: Bagsy Bones

'Y mae tymor i bob peth, ac amser i bob gorchwyl dan y nef: amser i blannu, ac amser i ddiwreiddio'r hyn a blannwyd.' Efo Cai ar ôl ei gêm ola i Port.

CPD Porthmadog, 2017–18

AWÊ

(*chwith i'r dde*)
Mogs, chdi,
Maer Borth, Josh,
Dyl, Terfynau

'Teithiau dedwydd iawn ydi'r teithiau hyn i weld Port awê ar ddyddia gŵyl.' Ym Mhrestatyn mewn tymor blaenorol.

(*chwith i'r dde*) Ifan Emlyn (*plêar*), Dil, Phil Ha Ha, Carwyn, Meirion, Dafydd, Gareth (*Cyffordd Llandudno*)

'Ac yna daeth yr hogia o ddyddia Cymuned i mewn, Cymry Clwyd; wedi'u lapio yn sgarffia coch a gwyn y clwb cartre. Wel, roedd hi fel yr hen ddyddia.' (*Treffynnon*)

Eddie (*Gresffordd*)

'Chwarae teg i'r Cofis, mae'n ddiawl o *clubhouse* da.'

'Ond i'r Porthmadog Funfare Squad, Sunny Rhyl ydi Sunny Rhyl, boed ha neu aea.'

'Roedd yr Wltras yn eu dillad du yn smalio actio un o olygfeydd y Gododdin lle mae'r hogia wedi cyrraedd maes y gad ar ôl bod yn yfed medd trwy'r dydd.' (*Cei Connah*)

'Dyma nhw'n ffurfio gosgordd dynn o gwmpas Phil Ha Ha, a Phil yn eu canol yn wên o glust i glust fel hogyn direidus wedi cael ei ddal ond yn gwybod bod maddeuant ar y ffordd.' (*Cei Connah*)

'Mae rhywbeth braf am yfed mewn *clubhouse* ar dir estron, a chant o Wltras yno a neb o blith y cefnogwyr adra.' (*Cei Connah*)

'Mae eira'n chwyrlïo ar draws y cae. Mae ffigyrau'n dawnsio ynghanol y gwynder brith fel cysgodion.' (*Cegidfa*)

'"Pearly King Port," meddai Dyl, "would you buy a car off this man?"'

'Port yn colli yn erbyn tîm pentre, ac o'r braidd fod yr hogia'n gallu coelio'r peth.' (*Penrhyn-coch*)

Chwaraewyr Port, gan gynnwys Harvey (*ar ei liniau*) a Brads (*yn codi bawd*). (*Queens Park*)

Rhai o Wltras Port, 2017–18: 'Dwi'n gwneud y pethau bychain. Dwi'n mynd awê efo Port.'

sydd yn ei hanfod, yn newid natur y cyfeillgarwch hwnnw am byth? Mae yna bob tro, yn yr awydd am berthynas rywiol, ennyd pan nad ydi'r naill yn ymwybodol o fwriad y llall, ac mae codi'r mater yn ddiwahoddiad.

Sefyllfa ddigalon, a deud y gwir. Ond mi leiciwn i gael perthynas yr un fath, er mwyn y cwmni a'r cyfeillach a'r cyfathrach ac, yn anad dim, y cariad. Ie, y cariad. Cariad: a sôn am hynny mae'r unig linell o farddoniaeth Philip Larkin i mi ei licio erioed; y bardd yn syllu ar feddfaen iarll ac iarlles yn Abaty Arundel, y delwau ohonynt wedi'u cerfio mewn carreg yn gorwedd wrth ochr ei gilydd; hwythau mewn tragwyddoldeb, y cŵn bach yn cyfarth wrth eu traed, a'i law yntau yn ei llaw hi: 'What will survive of us is love.'

Wedyn, mae Port. Problem Port. Ydi dilyn Port i bob man, bob Sadwrn, mewn glaw a hindda, o help? Dwi'n colli'r holl ffeiriau a'r cynadleddau a'r digwyddiadau amgen y gallwn i fod ynddyn nhw, bob un yn gyforiog o ferched cymwys yn eu pedwardegau cynnar, mae'n siŵr. Ond na, mae'n rhaid i mi fod yn Gresffordd, yng nghanol y baw, ar y lôn rhwng Wrecsam a Chaer, yn chwarae stop y tu ôl i'r gôl, yn nôl y bêl pan mae'n mynd heibio'r postyn fel nad oes modd i'r tîm adra wastraffu amser, cyn disgyn ar fy nhin yn y mwd o flaen pawb.

Wrth feddwl fel hyn am genod, dwi'n cael sgwrs efo un o'r hogia am y penwythnos. Dwi'n cwyno am barti Dolig Capel y Rhos, Llanrug (mae'r capel yn enwog trwy'r gogledd fel capel Bryncoch yn *C'mon Midffîld*) sy'n cael ei gynnal bob blwyddyn ar brynhawn dydd Sadwrn. 'Dan ni'n cytuno nad ydi'r capeli 'ma'n *dalli*, sef fod dydd Sul ar gyfer capel a dydd Sadwrn ar gyfer ffwtbol, a sut byddan nhw'n teimlo tasa Port a'r Cofis a'r Bangor Ayes yn chwarae eu gemau pêl-droed am chwarter i un ar ddeg ar fore Sul? A ble yn wir mae Junior? Mae Junior yn y capel, meddwn i. Yn y capel! 'Dad,' dudaist ti, 'be 'sa ti'n neud, mynd i barti efo dy fêts, neu wylio Port?' Yn y capel! Mae Junior yn y capel! Mae'r capeli 'ma fatha pobol sy'n trefnu eu priodasau ar ddydd Sadwrn ola Steddfod.

Mae i benwythnos ei drefn naturiol, meddai'r hogia. Ffwtbol

bnawn Sadwrn. Meddwi'n gachu nos Sadwrn. Hangofyr fore Sul. Ffwtbol ar Sky bnawn Sul. Dwi ddim yn siŵr ein bod yn cadw ein gair i gadw lle i gapeli yn y drefn yna. Ond mae'n fwy o bryder i mi nad oes gan ferched canol oed cynnar fawr o le yn y drefn chwaith. Dyna pam dwi'n fradwr ar nos Sadwrn, yn dreifio i Dre arall, er bod hynny'n golygu noson ddialcohol, ac yn symud rhwng y bars amgen, alternatif, canol Ewropeaidd ar y lemonêd: Blac, Bar Bach, Glyndŵr; Castell ddiwedd nos. Wrth gwrs, dwi'n dod 'nôl yn waglaw bob tro. Hebog ar ei gythlwng. Mae'n wastraff amser.

Ond, wrth sefyll y tu ôl i'r gôl yn Gresffordd ar fy mhen fy hun, dwi'n ceisio darbwyllo fy hun y byddai Freud yn dweud mai'r rheswm dwi mor ddi-ffrwt ynglŷn â'r busnes 'cael hyd i ddynas' ydi nad ydw i isio perthynas o gwbl. Ond go brin y byddwn i na neb arall yn coelio hynny.

20

Sesh yn Cofiland

Cynghrair y gogledd, Rhagfyr 26
Caernarfon 3:1 Port

'DAN NI'N GWYBOD sut bydd hi ar yr Oval. Mi fydd rhwng mil a mil a hanner yno, y dorf ucha mewn unrhyw gêm cynghrair Gymreig drwy gydol y tymor, ac wrth gwrs bydd Port yn colli. Bydd hogia Maesincla a Sgibs a'r bobol fowr gachu posh yn Cae Gwyn i gyd wrth eu boddau, heb sôn am y *wannabe* Cofis o Landwrog, Caeathro a Bontnewydd. Yn wir, mi fyddan nhw ar ben eu digon, a'r un ydi'r sgript bob tro:

'Dim un Josgin Port yn y lle i gyd. 1,275 o Gofis Dre *born and bred* yno. Clwb gora'r byd, ia. Pan 'dan ni yn y Welsh Prem, mi fydd 'na dair mil yn bob gêm. Disgrês fod pawb yn deud bod ni yno jyst i fynd ar y *piss* am bod hi'n Boxing Day. Pobol jelys yn deud clwydda eto. *Highlight* Dolig. *Two thousand* o Cofis yno i weld y gêm, a dim malu cachu.'

Does 'na ddim mymryn o bosibiliad fod pobol yn mynd i weld Gnarfon-Port er mwyn mynd ar yr êl drwy'r dydd. Ffyc mî, am awgrym annheilwng! Yno i weld Nathan Craig a Jamie Breese maen nhw, siŵr Dduw. Ac yno i weld Cai a Brads 'dan ni. Neno'r tad, does 'na ddim yfed; mae Gnarfon-Port fatha cyfarfod o Gymdeithas Ddirwest Merched Gwynedd. Ond pan fyddi di'n ddeunaw, mi fydd gen i ffansi mynd ar fws cefnogwyr Port sy'n gadael Queens am 10 o'r gloch y bore, ac yn gollwng pawb yn Wetherspoons. Un bach slei wedyn yn yr Eagles ar ôl cerddad i ben Stryd Llyn. Chei di ddim gwell cariocî yn Dre nag yn yr Eagles, ac mae sgarff Caernarfon Town tu ôl i'r bar. I fyny'r allt wedyn am Segontium, troi wrth yr adfeilion Rhufeinig am yr Oval, ond awn ni ddim i mewn am y tro, ond yn hytrach i'r Caernarfon Town Supporters Club. Guinness i fi, a Guinness i chdi? Chwarae teg i'r Cofis, mae'n ddiawl o *clubhouse* da.

Deng munud cyn y gêm a fydd 'na neb ar yr Oval ond tîm dan ddeuddeg Gnarfon a'u mamau. Dwi'n gallu clywed yr hogia'n deud wrth sbio ar *team-sheet* Port, 'Mi fyddan nhw'n lwcus i gael dau gant heddiw.' Ond wedyn, am 2.23 ar ei ben, mi fydd 500 o Cofis yn gorffen eu lagers, ac yn trio mynd i mewn i'r cae i gyd ar yr un pryd ar gyfer y gic gynta sydd am hanner wedi dau. Dyma pryd bydd yr ail dyrnsteil wrth y *clubhouse* yn cael ei agor, ac mi fydd y Cofis yn brolio wedyn fod cannoedd yn disgwyl eu tro i fynd i mewn, a bod y Cofi Army chwarter awr yn hwyr yn cyrraedd y gêm am fod cymaint o Cofi Army.

Dim ond rhyw dri neu bedwar fyddwn ni wedi'i gael erbyn hynny, ac i mewn â ni. Sbia ar Gae Tatws, gymaint o blydi slôp 'sa ti'n medru sgio arno fo. Cic rydd i Port ar ôl ugain munud, ac mae 'Julian, Julian!' yn codi'n ganmoliaeth i Julian Williams, streicar Port. Gwaedda Cofi ar draws y cae, 'Fuck off!'

Mae'r Cofis yn mynd un ar y blaen, ac yna ddau ar y blaen, ac yna tua chwarter awr cyn y diwedd mae Cai o bymtheg llath yn cael un yn ôl. Mae 'na *rush* i lawr y teras gan tua ugian o hogia Port. Dwi'n rhedeg at y wal goncrid, yn dawnsio, yna'n sbrintio am yn ôl, ac yn dy gofleidio. Bloeddia'r cefnogwr Gnarfon agosa, yn yfed o'i wydr peint plastig ac yn sgrechian ar yr un pryd, 'Fuck off, C'mon Town!' Mae Port yn pwyso, pwyso ac mae'r Oval yn ferw gwyllt, ac yna yn y funud ola, neu felly mae'n teimlo, mae'r Cofis yn torri allan o midffîld, ac yn rhoi un heibio Harvey i wneud yn siŵr eu bod yn ennill y gêm. Mae 500 o Cofis yn gwneud dash am y *clubhouse* i gael syrf.

'Dan ni'n cyrraedd y *clubhouse* hanner awr yn hwyr ar ôl aros yn yr oerfel wrth y stand i gysuro chwaraewyr Port wrth iddyn nhw ddod allan o'r stafelloedd newid. Mae yna yfed difrifol yn mynd ymlaen. Cofis rownd pob bwrdd o dan y tinsel, Cofis yn pacd rhwng y byrddau, ac mae gan y *clubhouse* dair stafell, bob un tua dwywaith maint Neuadd Prenteg. Mae Gnarfon wedi paratoi deiet cytbwys o *pork pies* a *mince pies* yn y stafell biliards ar gyfer sgwad Port, a 'dan ni wrth y bwrdd nesa iddyn nhw. Fel arfer, mae chwaraewyr Port yn huawdl iawn eu sgwrs, ond y tro yma, maen nhw'n ddistaw, a does neb yn deud dim, heblaw am Cai sy'n codi ei fawd arnom, ac yn dy gyfarch, 'Iawn, mêt!'

Rwyt ti'n gadael i mi dy guro mewn gêm o bŵl a 'dan ni'n cerdded wedyn yr holl ffordd i'r Maes ac ymlaen i'r Pendeitsh. Llond y lle o *jukeboxes* a sgrins teledu, ac mae'n gyfleus i hogia Port sy'n penderfynu cael y *service bus* adra am wyth cyn troi am y Red Lion a'r Stesh. Ond 'dan ni'n mynd i wneud noson ohoni yn Dre heno, ac yn mynd am y Blac, a fan'na 'dan ni'n yfed Cwrw Llŷn am £6.45 y peint, neu beth bynnag mae'r Blac yn ei godi am beint dyddiau hyn, pan mae Chips yn cyrraedd.

'Ti'n iawn, blodyn? O'n i'n meddwl 'swn i'n ffeindio hefi mob Port yma yn ca'l post-match drinks. Welish i chdi'n downsio rownd fatha Wali Tomos pan ga'th Port y gôl 'na. Ti'n ca'l fiw da o'r stand. A nô wê bona 1,275 yn 'Roval.'

'Roedd eu hanner nhw mond ar y cae hanner y gêm. Ffêc news unwaith eto, Chips.'

''Run fath bob tro. Wel, os dach chi ar y Llwybr Tarw heno,

gesh i ddau dicad sbâr ar gyfer gìg Llareggub. Tacsi reid i Pesda, ac awê. Dach chi'm isio bod yn Dre beth bynnag.'

Felly, i ffwrdd â ni i'r Siôr yn Rachub achos does yna ddim byd mor syml â mynd i gìg ar dy ben. Yna, dwi'n diawlio'r cont gwirion sy'n gwneud i ni gerdded yr holl ffordd i lawr i Bethesda yn y blydi glaw, a na, does dim modd mynd i'r gìg eto fyth, ac mi wneith hi beint yn y King's Head ac un arall yn y Vaults, ac erbyn i ni gyrraedd Neuadd Ogwen mae'r gìg bron â gorffen.

Mae'r tacsi 'nôl i pad Chips yn costio ugain punt, a ni sy'n talu. Dwi'n gaib. Mond un bach tawel cyn y gêm o'n i isio. Ond dwi'n falch o ddeud wrth Chips gymaint dwi'n caru'r Cofis, ac nad oes dim gwahaniaeth mewn gwirionedd rhwng hogia Dre a hogia Port. 'Dan ni i gyd yn cael ein ffycio drosodd. A ffycin datganoli, pwy sa'n fotio dros y ffycin peth heddiw? Ffycin hel, 'sa datganoli erioed wedi digwydd mi fasa Gwynedd yn fwy Cymraeg heddiw. Ac yn fwy cyfoethog. O'dd 'na ddiwydiant teledu yn Gnarfon unwaith. Ble mae o rŵan? Mae Barcud yn wal ddringo. Ffyc sêcs. Ffycin S4C. Mi fasa 200 neu 300 o jobsys Cymraeg 'di gneud y gwahaniaeth am genhedlaeth arall. Ffycin wancars i gyd. Gdîdd yn waeth na Llundan. Well gen i Lundan, deud gwir.

Ar ôl codi bore wedyn, dwi'n ymbalfalu am ffurf arall ar eiriau i fynegi fy meddwl. Ond y gwir a saif. Ac mae'r gwir yn sefyll mewn mater arall hefyd. Mae mwy yn uno Port a Gnarfon nag sy'n eu gwahanu.

21

Y drwm

Cynghrair y gogledd, Rhagfyr 30
Port 7:0 Cyffordd Llandudno

'DAD, TI'N SGWENNU llyfra hanas boring, deud yr hanas wrtha i.

Dad. Twmffat. Penci. Dwi'n gwbod be sy ar dy feddwl – "Drummer boy!", and aeth fy meddwl innau'n syth i Danzig a'i ddrwm tun. O, dwi'n gwbod yr hanas i gyd; fe'm cenhedlwyd yn Berlin, dwi'n hogyn o Ewrop, wst ti. Dwi'n dallt curiada'r drwm fy hun. O Port arall y daeth, do, Port yn y dwyrain, o "iard longau Schichau, ac iard longau Klawitter, a'r dociau sychion, a'r holl guddfannau oedd yn hysbys i mi yn y llefydd hynny."

Dad, deud yr hanas wrtha i am hogia Port yn Hambro, am hogia Port yn Danzig, am Gymraeg a halan a môr a heli yn y Baltig, am longwrs llechi y Port, am yr hogia yn Lübeck, Rostock a Kiel. Sôn wrtha i, Dad, am hogia Port yno, am eu straeon a'u storïau. Port awê, Dad, a'r coch a du yn Hambro. A'r hogia yn dŵad adra, yn swagro o Ben Cei heibio'r Ship ac i lawr Stryd Fawr, yn eu ffasiwn Almaenig, yn eu sgidia Almaenig, ffasiwn Danzig, ffasiwn Hambro, ac efo nhw mae drwm tun. Mae hogia Port yn ei ddrymio yr holl ffordd i'r Sportsman, ac mae ei sŵn Bwm! Bwm! Bwm! yn mynd ar hyd y Port ac allan i'r wlad. A rŵan 'dan ni 'di dod efo fo i'r Traeth.

I chdi, Dad, mae o'n hwyl – curiadau cyson, rhythmig, swynol, swyngyfareddol y drwm. Quarry Enders yn *drymio* i'r Port. Dwi'n clywad chdi'n deud, "Ga i bresant iddo Dolig, ac mi awn ni'r Traeth efo drwm newydd a drymio'r gôls i gyd allan a gobeitho gawn ni saith. Mi ddysga i 'Gwŷr Harlech' i'r hogyn. Ma isio cadw *natives* yn eu lle." Bwm! Bwm! Bwm! Clyw y drwm ar hyd y Traeth.

Ond Dad, wst ti be dwi'n glywad yn sŵn y drwm? Dwi'n clywad rhythmau'r Ail Ryfel Byd, a'r Trydydd hefyd.

Es i lawr i fynwant capel Salem unwaith. Roedd fel mynwant yn Danzig neu Hambro. Holl hanas y Port mewn hancas boced o dir, hwyl llong o dir, blwch snwff o dir, ac mae pobol y Port yn gorweddian yno, plant y Port yn hepian yno, yn cael cyntun yno, pobol forwrol, *ryngwladol*, ragorol y Port, capteiniaid a seiri llonga a llongwrs a'u gwragedd a'u plant yn rhochian cysgu, a dim yn eu breuddwydion ond atgofion melys am fynd i'r môr. *Dyma gariad fel y moroedd*. Doswch i'r môr, Gymry annwyl. Doswch i'r môr canys mae'r tir yn cysgu.

RICHARD ROBERTS. *Pilot,* Borth, 1869 yn 74 oed.
WILLIAM, Mab i Hugh Ellis *o'r Lletty* (*Saer Llongau*), 1851 yn 6 blwydd oed.
PLANT Evan Edwards (*Llywydd y Smack Endeavour*) ac Ann ei briod William, 1851 yn 8 mis oed, William, 1855, yn 13 mis oed, Amos, 1861, yn 19 oed.
Hefyd y dywededig Capt. EVAN EDWARDS.
MARGARET, merch Robert ac Ellen Parry *Porth madog,* 1854, yn 20 mlwydd oed.

> Ac hefyd am HENRY ei brawd yr hwn a gollodd ei fywyd drwy Longsuddiad ar ei fordaith o *Bridgewater Waterford* Awst 1844, yn 18 blw'dd oed *O dir a môr daw'r meirwon, Daw pob cnawd ddydd Brawd gerbron*.

Mae'r fynwant yn sôn am longa a llechi, ac am hogia'r wlad yn tyrru i'r Port, mewnfudwyr bob un, Dad, *dim un* o'r Port. Doedd y Port ddim yn bod, Dad. Am bobol ddiarth yn cyrraedd y Port, pobol ddŵad yn y Port, pobol efo acenion rhyfadd, pobol fel fi a chdi. Dyma bobol y Port, Dad, a bob Port.

A rŵan, dyma'r ffasgwyr yn disgyn ar y Port fel gweilch y môr ar afon Glaslyn. Mae'r Ffasgwyr yn y Sportsman. Ac yn y Senedd. Maen nhw am ein trechu, bobol forwrol, ryngwladol, *ragorol* y Port, a'r Cymry oll i'w dilyn.

Mae'r drwm yn drymio, Dad. Mae'n drymio allan yr hanas i gyd. Llofruddiaethau Syria. Hiliaeth Brexit. Ffasgaeth Ukip. Farage a Le Pen a Trump a Putin. Mudo a militariaeth a newid hinsawdd. Dinistr Cymraeg. Bydd yn drymio ar hyd fy oes, Dad, *ddyddiau f'oes*. O, *Portmadoc*, O, *Porth Madog*, yn ei gariad ddyddiau f'oes.

Mae'r dŵr yn codi, y dŵr mawr llwyd yn codi, a'r Cob yn torri dan ei bwysau, a'r Port dan ddŵr, a'r Traeth Mawr dan ddŵr hyd at Aberglaslyn, a'r Traeth ei hun dan ddŵr. A Dad, dwi'n gweld angau, fesul tŷ nid fesul ton daw'r môr dros dir Meirion. 'Dan ni'n boddi yma yn y Port, a neb yn deud dim, neb yn gneud dim, ac mae gweilch y môr yn cylchu o gwmpas ein cyrff, Dad, ac mae marwolaeth yn pesgi fel gweilch ar bysgod, ac mae'r ysbrydion yn codi, a does dim golwg o'r Traeth dan y tonnau, Dad, a finna'n drymio dan y tonnau.'

22

Sunny Rhyl

Cynghrair y gogledd, Ionawr 6
Y Rhyl 4:5 Port

Mae'r gwynt yn chwythu'n arw ar hyd West Parade ym mis Ionawr, mae Mr B's Amusements (Bowling & Pool) yn wag, a Les Harkers Casino Lounge hefyd. Does neb yn gwerthu Pop Corn, Candy Floss a Rock Novelties yn y cwt sy'n addo Pop Corn, Candy Floss a Rock Novelties. Tydi'r Rhyl Miniature Railway ddim yn rhedeg yn y gaea a does 'na neb ar y Prom. Mae'r Rhyl Suncentre wedi hen gau, a'r Ocean Beach wedi diflannu. Ond i'r Porthmadog Funfare Squad, Sunny Rhyl ydi Sunny Rhyl, boed ha neu aea.

Mae yna gaeau pêl-droed yng nghynghrair y gogledd sy'n gwneud i chi feddwl eich bod mewn parc cyhoeddus, ond mae Belle Vue, stadiwm Rhyl, yn stadiwm o'r iawn ryw; yn wir, dyma'r stadiwm orau mewn unrhyw gynghrair Gymreig. Mae eisteddleoedd a therasau ar hyd ei phedair ochr heb fod bylchau'n ymagor ar gampws coleg trydyddol, tir amaeth neu stad tai cownsil. Hyd yn oed ar derfyn Belle Vue does dim modd gweld dim nad yw'n stadiwm. Mae'r byd pêl-droed yn eich cwmpasu.

Ac mae'n hyfryd o idiosyncratig, efo grisiau'r teras yn codi rhyw bedair neu bump modfedd fesul gris, ond mae'r ris ola yn neidio wedyn am ddwy droedfedd dda. Mae lled y grisiau'n anghyson hefyd, a'r cwbl yn faes chwarae i'r plant sy'n llamu o'r naill ris i'r llall. Mae Eddie wrth ei fodd: 'It reminds me of Oldham Athletic fifty years ago.'

Mae dyn mewn het haul yn pwyso yn erbyn y mur sydd wrth ein cefnau y tu ôl i'r gôl ac yn canu 'Sunny Rhyl' ar ei ben ei hun. Cân hwyliog, gwbl addas gan fod y Porthmadog Funfare Squad wedi dod i gael parti. Rwyt ti'n herio'r canwr ar y drwm, a dwi'n darparu bloeddiadau amserol o '*Y* Port' pan mae'r drwm yn gofyn am ateb deusill yn hytrach nag unsill i'w guriadau. 'Let it never be said,' medd Young Rhydian, sy'n tynnu ar ei brofiad ieithyddol fel un o olygyddion *Llafar Bro*, 'that we don't have added fannod.'

Ond efo awr wedi mynd, 'dan ni ar ei hôl hi o bedair gôl i ddwy. Mae masgot môr-leidr Rhyl yn gwneud ei ffordd yn araf deg o gwmpas y cae nes ein cyrraedd. Mi alla i feddwl dy fod ti a Mogs yn tybio ei fod wedi crwydro i mewn i Belle Vue o un o nofelau T. Llew Jones, ond i mi mae'r inwnifform [illegible] fel pob Jac y Jwc a Barti Ddu yn gwneud i'r dyn edrych yn grotésg, ac mae ei wyneb efo'r wên ffals, beryglus 'na, yr un ffunud â'r cymeriad Jaws yn ffilmiau James Bond. Ond mae Bond yn cael y gorau ar Jaws yn y diwedd, ac felly hefyd Port.

Mae'r Funfare Squad yn 'charged-up', chwedl Young Rhydian, pan mae Charlie Chaplin yn tynnu un yn ôl. 'Dan ni'n canu, 'We've got a steam train and Cob Records' pan mae Chaplin yn cael ei drydedd i'n rhoi ni'n gyfartal. Yna mae Siôn

Eds yn lobio gôl-geidwad Rhyl o'r halff-wê lein ac efo Port yn arwain rŵan o bump gôl i bedair, mae'r drysau'n agor megis ar weledigaethau daear a nef, a hogia bach, 'dan ni'n gweld pethau pell yn agos.

Dyna lle'r oeddwn i'n cicio ac yn waldio'r metal yn y stand i gyfeiliant 'Gwŷr Harlech' pan welwn, o gornel fy llygad, stiward Rhyl yn dod tuag ata i'n bwrpasol iawn ac ar gyflymdra. Mae yna ddirmyg a bygythiad yn ei ystum wrth iddo nesáu at yr hwligan pêl-droed. Dydi o ddim yn dod draw i ddweud 'Shwmae Sumae'. Mae stori'r *Cambrian News* yn rhithio o 'mlaen. Dydi hi ddim yn gwbl amhosib y bydd yn cyrraedd y *Daily Post* hyd yn oed. Yn wir, mae Dave Jones, gohebydd pêl-droed y *Daily Post*, yn y stand acw. Gallaf weld ei gopi yntau hefyd:

COUNCIL CHAIRMAN ARRESTED FOR FOOTBALL HOOLIGANISM

SHAMED Council bigwig, Cllr Dr Simon Brooks, Chairman of Porthmadog Town Council, was arrested on Saturday in front of his ten year old son for suspected criminal damage at the Belle Vue Football Ground in Rhyl. Brooks, 46, an Associate Professor, was accused of kicking property behind the goal during animated and prolonged celebrations of Porthmadog's winning strike with other members of feared firm, the 'Porthmadog Funfare Squad', also known as 'Wltras Port'.

Speaking through a translator, Brooks appeared before Rhyl magistrates in emergency session on Monday morning, and was granted conditional bail in order to attend a meeting that evening with dignatories at Bethel Independent Chapel, Borth-y-Gest, Gwynedd. Brooks told the BBC that he was sorry and deeply ashamed of his behaviour but had got carried away in the heat of the moment.

Dyma'r peth tebyca i'r embaras deimlais pan archwiliwyd ein bagiau gan yr heddlu mewn gêm Cwpan FA rhwng Stoke a Chaerdydd yn 1987. Roeddwn i a fy mêt wedi pacio dau dedi bêr er mwyn hawlio cynnig arbennig ar docyn trên plentyn, ond i ninnau fel darpar hwliganiaid pymtheg a thri chwarter oed, yn sefyll bob tro ar gwr y criw oedd yn canu ac yn bloeddio, roedd dwyn y rhain i olwg y cyhoedd y tu hwnt i bob cywilydd.

Y tro yma, i ddyn yn ei oed a'i amser, mae'r angen am weddustra a gweddeidd-dra yn drech na phob dim. Yn ganol oed, mae'n hanner amser ar ein bywydau, mae gennym statws a balchder a chryn feddwl ohonom ni ein hunain, a 'dan ni ddim wedi arfer â chael ein cywilyddio'n gyhoeddus. Yr ymateb greddfol ydi ateb yn ôl fel sy'n digwydd pan mae rhywun diarth yn eich ceryddu ar y lôn am ddreifio'n ddiofal. Ond does dim modd ateb stiward Rhyl yn ôl. Mae wrthi'n traethu, 'If you don't stop that now...' ac mae gofyn pardwn yn groes i'r graen ond yn angenrheidiol. Mae'r cerydd yn wyrdroad ar bob norm cymdeithasol, ac yn porthi'r ymddieithriad ac ansicrwydd sy'n rhan annatod ohona i. Wrth gwrs, mae pawb yn chwerthin.

'O'n i'n meddwl fod Maer Borth am gael ei daflyd allan fan'na.'

Ac roedda chdi *wrth dy fodd*.

Chwarae teg, mae Dave Jones yn esbonio'r dathliadau yn y *Daily Post* ddydd Llun mewn iaith sy'n ddealladwy i bob cefnogwr pêl-droed. Mae'n gweld rhinwedd yn y mynd dros ben llestri, ac fel pob anthropolegydd gwerth ei halen, mae'n cymeradwyo'r carnifal:

> Then came a sublime piece of improvisation by Edwards, who saw Crowther off his line and chipped him from a good 40 yards to send the Traeth supporters wild.

Ond mae'r colli rheolaeth yn peri pryder i mi'r un fath. Profiad orgasmig, meddai'r llenor o athronydd o dde America, Eduardo Galeano, yn ei glasur, *El fútbol a sol y sombra* (Pêl-droed mewn haul a chysgod), ydi tystio i gôl o'r fath. Y peth tebyca y gallai anghredadun ei brofi i wewyr cyfriniol; neu'r newid mytholegol sy'n trosi plwm yn aur. O, na fyddai hynny'n wir, oherwydd pe bai alcemi'n bosib, byddai modd dadwneud y gorthrwm i gyd.

23

Wltras Port

Cynghrair y gogledd, Ionawr 13
Port 2:0 Caersws

Yws sy'n drymio dydd Sadwrn. Mae yn ei jîns wedi'u rhwygo, côt ddu patrwm cwilt, het gaea wlân a locsyn Taid, ac yn drymio efo gwên ddireidus fel tasa fo ar lwyfan Maes B yn cau'r Steddfod. Mae pawb yn piffian chwerthin o'i gwmpas. O drwch blewyn, sef chwe phleidlais i bump, roedda chdi wedi curo'r bleidlais fawr ar y pôl Twitter cyn y gêm yn gofyn oedd isio 'drwm' ta 'dim drwm' heddiw. Ac wedi cael mandad democrataidd, dyma ni'n mynd â'r drwm i'r Traeth.

'Doedd hi'n ddim byd ond twrw yn Bort Talbot. Bang, bang, bang drwy'r gêm', meddai un o'r hen do wrtha i, yn rhoi ei farn am y Port Talbot 1901 Ultras, cefnogwyr Port Talbot Town, y grŵp mwya, a mwya eithafol, o Wltras yn Uwch-gynghrair Cymru yn ystod dyddia Port yn y Welsh Prem.

Arwyr ydi'r Port Talbot Ultras i dy dad sy'n gwylio fideos ohonyn nhw'n hwyr y nos, a hwythau'n canu 'Everywheeeereeee weeeeee goooooo' yn y 'Sand Siro', neu'n cyhwfan *tifo* (arddangosiad lliwgar o faneri neu liwiau sy'n annog tîm, ac mae llunio coreograffi o'r fath yn dipyn o gamp i griw o bymtheg), neu'n chwifio eu baner wleidyddol 'Stand Up For Steel' yn y stand.

Ond tydi pawb ddim yn werthfawrogol o ddiwylliant Wltra y ddau Port. 'Geith o sticio ei ddrwm lle roth Wmffra ei fawd' ydi'r farn am ddrymiwr Port Talbot gynt, ond mae gan Yws safbwynt gwahanol. A fo sy'n iawn, oherwydd os nad ydi cerddoriaeth yn rhan o dreftadaeth yr ardaloedd ôl-ddiwydiannol Cymraeg, dwn i'm be sy, a braf o beth fyddai cael corn neu ddau y tu ôl i gôl Port ar lun y Barry Horns, neu hyd yn oed fand pres llawn, megis band ieuenctid yr Oakeley, i chwythu ar y cae cyn y gic gyntaf mewn digwyddiadau dinesig mawr fel Port yn erbyn Gnarfon.

Mae'r cyswllt rhwng diwylliant Wltra a gwleidyddiaeth yn un amlwg. Yn ei darddle cyfandirol, mewn gwledydd fel yr Almaen a'r Eidal, roedd politics yn rhan o fyd Wltras o'r cychwyn. Yno, gallai gwleidyddiaeth y maes pêl-droed darddu o'r naill begwn ideolegol neu'r llall. Yn yr Almaen, er enghraifft, mae gan rai o Wltras Dynamo Dresden gyswllt rhy agos o lawer efo'r mudiad gwrth-Fwslemaidd, Pegida, ac mewn *Fanmarsch* byddent yn gorymdeithio mewn lifrai milwrol, ac yn drilio heb artau. Gwahanol hollol ydi hi yn Hambwrg – 'Hambro' yn nhafodiaith Port, partner pwysica Porthmadog ym masnach lechi'r bedwaredd ganrif ar bymtheg – lle mae Wltras CPD St Pauli, clwb y dociau, yn enwog am eu gwleidyddiaeth adain chwith ac yn arddangos baneri yn gwrthwynebu hiliaeth, ffasgaeth a homoffobia.

Yn Lloegr, oherwydd gafael cynyddol cyfalafiaeth ryngwladol ar y gamp, sy'n troi pêl-droed y cynghreiriau uwch yn brofiad corfforaethol diflas, mae is-ddiwylliant y teras ar ei gryfaf yn y cynghreiriau is. Ac ar derasau mae Wltras yn nythu. O ganlyniad, mae Wltras clybiau bychain Lloegr i gyd yn rhai adain chwith, er bod gan y geiriau 'y Chwith' ystyr wahanol i bawb.

Mae'r Clapton Ultras, cefnogwyr Clapton FC, sy'n chwarae pêl-droed yn yr Essex Senior Leage (nawfed adran ranbarthol pêl-droed Lloegr), yn anarchaidd tu hwnt. Maen nhw'n eu gweld eu hunain yn olyniaeth radicaliaeth yr East End. Un o'u caneuon enwoca ydi '2-0 and Maggie Thatcher's dead'.

Mae Dulwich Hamlet o'r Isthiam League ar y llaw arall, yn esmwyth yn eu cartref sidêt yn ne Llundain cyn i ddatblygwr eiddo eu diarddel, yn fwy bohemaidd a dosbarth canol. Roedd modd yfed cwrw crefft a bwyta byrgyrs gwartheg-sydd-wedi-pori-mewn-caeau yno. Yn chwarae mewn pinc a phiws, mae politics amgen Wltras Dulwich, 'The Rabble', yn cael ei arddel gan y clwb ei hun, sydd wedi trefnu gemau cyfeillgar yn erbyn Stonewall FC a thimau o ffoaduriaid er mwyn codi arian at achosion cydraddoldeb. Clwb sydd o blaid lleiafrifoedd ethnig Llundain ydi Dulwich, a gan fod dy dad o gefndir lleiafrifol ethnig yn Llundain ei hun, mi aeth o efo chdi i'w cae, Champion Hill. Mi ddaru ni sefyll o flaen eu Draig Goch Gymreig, sy'n ddraig biws ar gefndir pinc yn datgan 'DHFC am byth' mewn Cymraeg, a llafarganu efo'r Wltras trwy'r gêm.

Does gan Wltras Port ddim rhyw wleidyddiaeth fawr fel'na. Does yna ddim baner 'Cadwch Swyddfa Dreth Port yn Port' yn y Quarry End. Ond mae anian y clwb yn adain chwith ac yn genedlaetholgar. Cymreigrwydd Port sy'n ei diffinio. Siawns nad dyma'r clwb Cymreicia o ran iaith yn y byd. Gwir fod ambell glwb bychan fel Llannefydd ar lethrau Hiraethog yn trydar yn uniaith Gymraeg, a bod cwt Clwb Pêl-droed Ieuenctid Bontnewydd yn cyfarch pawb yn Gymraeg yn unig wrth i deithwyr ruthro heibio ar y lôn rhwng Bont a Chaeathro. A does dim dwywaith nad ydi *Y Darans*, hanes clasurol clwb pentre bach Llanbêr gan Arwel Jones, Hogia'r Wyddfa, yn un o drysorau llenyddiaeth pêl-droed yng Nghymru.

Ond pysgod bach ydi'r clybia pentre ym mhowlen pêl-droed Cymru, nid clwb mawr, hanesyddol fel clwb pêl-droed y Port. Mae rhai'n synnu weithiau nad ydi'r Cofis yn gwneud mwy o sioe o'r iaith, gan eu bod yn Gymry i gyd. Saesneg ydi iaith gyhoeddus y Cofi Army sy'n adlewyrchu, efallai, naws Lafuraidd y Royal Borough o'i chymharu â chenedlaetholdeb cefn gwlad Dwyfor a Meirionnydd. Yn Gymreiciach na'r Cofis hyd yn oed: mae ei Gymreictod diffwdan yn rhoi i Glwb Pêl-droed Porthmadog le arbennig yn hanes cymdeithasol y Gymraeg.

Cerddoriaeth Gymraeg sydd dros y tanoi yn bennaf. Mae Gareth a'i feibion, Emyr ac Iwan (hogia Ffestiniog, a dyma ddibyniaeth Port ar Stiniog yn dod i'r fei unwaith eto), yn sicrhau fod popeth swyddogol – megis y trydariadau, y wefan a chyhoeddiadau'r uchelseinydd – yn ddwyieithog. Ac ymysg yr Wltras, mae diwylliant uniaith Gymraeg yn ffynnu. Mae gan Dyl a Young Rhydian flog Cymraeg yr un am y clwb, a finna hefyd o ran hynny, ac felly mae mwy o flogiau Cymraeg am Glwb Pêl-droed Porthmadog nag sydd am weddill clybiau Cymru i gyd efo'i gilydd.

Ar dresel y bar yn y *clubhouse*, mae llun wedi'i fframio o ddyfyniad enwog Chris Coleman o blaid yr iaith. Mae yno i roi sêl bendith y clwb ar sêl y fro dros y diwylliant Cymraeg, ac yn esbonio hyn i ymwelwyr:

> Cymraeg. This is our National Language. Not every one can speak it, but it's part of our culture, and we must remember that…

Does dim amau awydd y gymdeithas leol i gadw ei Chymraeg. Nid yw dyfarniadau Ombwdsmyn am ddwyieithrwydd yn amharu dim ar Gyngor Port, ac ni fyddant byth. Cyngor Port ydi un o'r pedwar cyngor tref yng Nghymru sy'n gweinyddu ei holl fusnes yn fewnol ac yn allanol drwy'r Gymraeg yn unig. Pwllheli, Penrhyn a Nefyn ydi'r tri arall, sy'n rhoi syniad go lew o ddosbarthiad daearyddol y Gymru Gymraeg Québécois erbyn hyn; gweddillion hen graidd y Fro Gymraeg.

Mewn bro fel Bro Madog, sydd fel y rhan fwyaf o gefn

gwlad Gwynedd yn mynd drwy shifft iaith o Gymraeg i Saesneg (Saesneg ydi iaith buarth Ysgol Eifionydd ac Ysgol Ardudwy, dwy ysgol uwchradd y cylch), y dylai'r llywodraeth fod yn buddsoddi os yw o ddifri am ddyfodol y Gymraeg. Mae sylfeini cymdeithasol yr iaith yn gwegian yng Ngwynedd oherwydd cyni economaidd. Ond does yna ddim sylw i'r broblem hon gan gynllunwyr iaith sy'n diffinio anghenion 'siaradwyr Cymraeg' o safbwynt cymunedau di-Gymraeg yn bennaf oll, a chymunedau Cymraeg eu hunain yn ddigrybwyll ond i'r graddau fod buddiannau'r dosbarth canol yn cael eu hyrwyddo.

Anodd meddwl am le gwell i fuddsoddi o ran y Gymraeg na chlwb chwaraeon mewn cymuned lle mae'r iaith yn fyw ond yn fregus. Dyna fyddai'r ffordd orau o ddylanwadu ar iaith hogia yn eu harddegau. Ond wrth gwrs tydi Port ddim wedi gweld dimai goch o'r pres a neilltuwyd ar gyfer 'y Gymraeg'. Mae hwnnw i gyd yn mynd ar weithgarwch hamdden y dosbarth llywodraethol: y gwefannau rhyngweithiol sy'n cael eu darllen yn Aber a Grangetown. Mae angen signal ffôn 4G i werthfawrogi'r rheini, ond y pen yma does yna ddim signal ffôn. Ond nid dyna pam dwi'n eu gwrthwynebu – achos mi fedrwch chi bob tro gael WiFi – ond am fod y cynnwys yn amherthnasol.

Ai dyfodol fel ail iaith fydd gan y Gymraeg, yn nodwedd ategol, achlysurol ar lafar miliwn o siaradwyr, yn ddrych o'r sefyllfa yn Iwerddon efo'i miliwn a thri chwarter o siaradwyr Gwyddeleg? Protestio yn erbyn hynny 'dan ni efo Wltras Port, ac o blaid y diwylliant Cymraeg byw.

Yn rhan o'r brotest mi wna i *tifo* Cymraeg efo chdi rywdro, am mai clwb Cymraeg ydi Port. *Tifo* sy'n cynnwys baner anferth o Mel Charles a'r geiriau 'Cymru a PORT' ar ei gwaelod, ac wrth ei hochor faner hafal yn arddangos gwep Osian Roberts, ac o dan ei lun yntau, 'Cymru a PORT', a baner wahanol wedyn, 'Wltras PORT', ac wrth ochor honno, 'TAI, GWAITH, IAITH' (slogan sydd i'w weld o hyd, mewn paent gwyn wedi'i dreulio, ar fur mewnol y Cob). Bydd y *tifo* mewn coch a du wrth i'r baneri gael eu pasio'n ôl ac ymlaen ar hyd y Quarry End, a phawb yn chwerthin ac yn deud, 'Dyna nhw wrthi eto!'

24

Chwilio am El Dorado

Cwpan Cymru, pedwaredd rownd, Ionawr 27
Cei Connah 3:1 Port

PENDERFYNWYD CAEL *SHOW of strength* yn Deeside. Ddeudodd neb ddim yn gyhoeddus, ond dyna oedd y gair yn y Stesh, ac ymhlith gweithwyr y trên bach, ac yn wir ar y Traeth ei hun. Aeth y si ar led fod pawb yn gorfod ufuddhau i'r Chwip. Ffoniais dy fam i ganslo dy sesiwn Criw Celf yn gwneud dwn-i'm-pa-fath-o-*papier-maché*-yn-smalio-bod-yn-aderyn. Rhyddhawyd Young Rhydian o'i waith yng ngwesty Llan Ffestiniog. Daeth Mogs o hyd i hen ddrwm ei dad. Trefnwyd fod timau dan ddeg a dan un ar ddeg Port yn fasgots. Talwyd am fws cefnogwyr gyda chaniatâd Phil Ha Ha, a dudais wrth dy fam ei fod yn 'non-drinking bus' ond ddudais i ddim byd, naddo, am y bobol ar y bws. Aeth dwsinau draw mewn ceir – hanner y Traeth.

Yn ôl adroddiad swyddogol Cymdeithas Bêl-droed Cymru ar eu gwefan, cyrhaeddodd CPD Porthmadog Gei Connah efo 'a sizeable away following'. Daethom fel ffans swydd Galway neu swydd Donegal yn cyrchu Dulyn ar ddiwrnod yr All Ireland Gaelic Football Final, yn ein hwyliau ac – y gair bach yna eto – am fynd yn 'wild'.

Dwi'n siŵr fod rhai o'r hogia ar yr ail Carlsberg yn barod pan ddeudodd Rob wrtha i fod William Hill yn cynnig ods o 22–1 i Port guro o fewn y 90 munud ('werth ffeifar, dydi'), a doedden ni ddim wedi cyrraedd Dolwyddelan. Roedd Gary West Ham – un o gynghorwyr Llais Gwynedd, ac mae Llais Gwynedd yn fwy gwerinol na'r Blaid – ar y bws efo'r bocs cwrw. Roedd ganddo'r cyfiawnhad perffaith ar ei gyfer o hefyd: 'Ma isio mynd yno ac ma isio dod 'nôl.' Damia'i resymeg o, meddwn i, ac estyn can o Guinness i Dyl.

Mae rhywbeth braf am yfed mewn *clubhouse* ar dir estron, a chant o Wltras yno a neb o blith y cefnogwyr adra. Felly oedd hi hefyd yn Cardiff Met y llynadd, un arall o dimau'r Welsh Prem efo digon o arian corfforaethol a'r nesa peth i ddim o gefnogaeth leol. Mae'n od mai'r clybiau gwneud ar gyrion y wlad (gap Connah's Quay Nomads, TNS, Prifysgol Metropolitan Caerdydd) sy'n llwyddiannus yng nghynghreiriau Cymru a'r clybiau sydd efo'r gwreiddiau cymunedol (Port, y Cofis, Bangor, Aber, Caerfyrddin, Port Talbot) i gyd yn y Fro Gymraeg neu ar ei chyrion, neu mewn cymunedau dirwasgedig. Ond wrth gwrs dydi hynny ddim yn syndod o gwbl. Mae'n ddrych o'r Gymru gyfoes. Mae hyd yn oed Clwb Pêl-droed y Barri – sy'n glwb go iawn, a'r prif eithriad i'r patrwm daearyddol hwn – yn gorfod begera wrth fwrdd y brifddinas, yn hogyn bach tila yn tynnu cap o flaen y meistr mawr.

Felly, pan ddoth chwaraewyr y ddwy ochr i'r cae efo'i gilydd, doedd yna neb o blith cefnogwyr Cei Connah i'w croesawu. Yn hytrach, rhedodd llafnau tîm dan ddeunaw Port at y llinell wen sy'n gwahanu'r chwaraewyr oddi wrth y dorf. Dyma nhw'n ffurfio gosgordd dynn o gwmpas Phil Ha Ha a dechrau llafarganu, a Phil yn eu canol yn wên o glust i glust fel hogyn direidus wedi cael ei ddal ond yn gwybod bod maddeuant ar y ffordd. Roedd yr Wltras i gyd wedi hel o boptu'r fynedfa i'r maes ac yng nghefnau ei gilydd, tyrfa o ryw gant, yn ceisio cael golwg ar Brads a Cai, a finna'n bloeddio 'Port! Port! Port!' a chditha'n cadw rhythm ar y drwm.

O eiriau Wordsworth ar gychwyn y Chwyldro Ffrengig:

> Upon our side, we who were strong in love!

Yn y stand yn ystod y gêm, roedd Rob a'r Wltras yn eu dillad du yn edrych fel actorion cwmni drama Brith Gof yn smalio actio un o olygfeydd y Gododdin lle mae'r hogia wedi cyrraedd maes y gad ar ôl bod yn yfed medd trwy'r dydd. Neu efallai eu bod nhw'n gorws mewn drama Roegaidd. Mae eu breichiau o'u blaenau, ac mae anthemau Port i'w clywed yn fain ar awel Deeside. Does gen i ddim cywilydd deud fy mod i wedi cofleidio Rob pan aeth gôl Port i mewn, ac am ddwy funud ogoneddus roedd Port ar y blaen.

Ond ers misoedd rŵan bu byw yn Port yn brofiad poenus. Mae'r diafol yn sibrwd yn fy nghlust fod y Traeth yn gymuned *ersatz* i mi. Yn da i ddim ond i gynnig cysur i un sy'n ddiwreiddiau, dyn dŵad *déraciné* yn ffugio perthyn a phawb yn gwybod nad ydi o ddim.

Dim ond y gobaith o gadw Cymraeg yn y gorllewin – ein El Dorado – sy'n peri nad ydw i'n digalonni'n llwyr. Yn y ffwtbol, mi ga i ryw gysur o wybod, fel Bob Delyn a Gai Toms, fod yna nentydd, llethrau a thraethau. Yma mewn bro Gymraeg mae'r hogia'n canu, a fy mab yn eu plith. Finna a chditha ar y lôn yn dod adra o'r gêm efo gwynt yn ein gwalltiau a Port 'di curo. Yn chwilio am El Dorado.

El Dorado oedd bro breuddwydion y Sbaenwyr; dinas aur y *conquistador*. Nefoedd wen yr ymerodraethau Ewropeaidd. Roedd dynion gwyn yn mynd i'r Amerig ac yn rheibio ac yn dwyn tiriogaethau'r brodorion mewn ymdrech i gael hyd i olud na welwyd mo'i debyg erioed o'r blaen. Ond doedd dim byd yno, o leia ddim i'r graddau yr oedd y gwladychwyr yn gobeithio; doedd y dinasoedd mytholegol yn llawn gwrthrychau wedi'u heuro ddim yn bod.

Fersiwn Gymreig o stori El Dorado ydi'r myth am Madog yn hwylio i'r Amerig ac yn ei gwladychu; chwedl gyfleus yn rhoi hawl i Brydeinwyr gyfanheddu cyfandir newydd. Ond dydi El Dorado fyth yno i'r trefedigaethwr. Nac i neb arall chwaith.

Doeddwn i ddim wedi rhagweld faint o gasineb fyddai'n cael ei 'nelu ata i gan un yn Port. Nid yr herio cyhoeddus gan Alwyn a Jason ar lawr y Cyngor sydd gen i mewn golwg – dydy hynny'n ddim ond ymrafael arferol gwleidyddiaeth plaid. Alwyn. Mae o'n ddyn anrhydeddus. Jason. Cig a gwaed.

Nid am y dynion hynny dwi'n sôn ond am 'Tony Blair'. Negeseuon preifat dilornus ganddo. Mi gafodd effaith fawr arna i.

Does 'na ddim tynged waeth na theimlo eich bod yn cael eich cau allan o'r gymuned lle dach chi'n byw. Dyna anfantais bod yn ddyn dŵad. Mae'r brodor yn gwybod fod casineb yn gasineb un unigolyn, ond i ddyn dŵad mae casineb o'r fath yn ymddangos ar y pryd fel pe bai'n cynrychioli casineb y dref i gyd.

Mi deimlais yn fychan. Mi deimlwn waradwydd bob tro y byddwn yn mynd i Port; ac o ganlyniad, mi ddechreuais i osgoi digwyddiadau cymdeithasol yn Port ei hun. Ond mi fedrwn i fynd i'r Traeth am nad ydi Tony yn licio ffwtbol.

Mi wnaeth i mi feddwl mai lle go gyffredin ydi Port. Tref wedi'i gwneud o gopr ac nid o aur. Ac am hynny dwi'n ddiolchgar i Tony Blair. Heb Tony fyddwn i ddim wedi dod i ddeall gwir natur pobol y Port – a phob Port – yn iawn. Ni fedr pobol unrhyw dref fod yn wahanol i bobol y dre drws nesa iddi. Nid oes El Dorado ar wyneb daear.

Yn araf deg, dechreuai'r awydd i chwilio am El Dorado yn Port bylu. Ond cyn i'r ysfa ddiflannu'n llwyr, dyma benderfynu mynd allan i chwilio amdani. Doedd dim angen i mi fentro mor bell â hynny i'w ffeindio chwaith. Diwrnod clir oedd hi, eira ar yr Wyddfa, y Cnicht a'r Moelwynion, a hyd yn oed porfa'r Traeth yn wyn. Yn rhynnu yn y dwyreinwynt, mi es i at Gapel Wesla yn yr haul ddiwedd pnawn a chwilio yn y tir drws nesa. Chwilio am El Dorado. Mi ges i hyd i El Dorado hefyd. Ac wst ti beth oedd yno? Fflatiau.

Sbia ar Google Maps, a 'dyn nhw ddim i'w gweld. Weli di ddim El Dorado ar unrhyw fap! Fflatiau melynlwyd yn baglu dros ei gilydd fel darnau Lego, drysau 'di'u cloi, a choncrid o'u blaen. Dyna ydi El Dorado. Cymdeithas Tai Eryri oedd bia nhw, rhan o ymdrech cenedlaetholwyr i ddarparu tai ar gyfer Cymry, yn y dyddiau dedwydd cyn datganoli pan oedd pobol yn poeni am bethau fel hynny. Maen nhw wedi gweld dyddiau gwell erbyn hyn. Weithiau mae plant yn mynd i mewn ac allan o'r fflatiau. Wrth eu hymyl mae arwydd awdurdodol: 'Dim gemau pêl'.

Ond pan es i yno, roedd yna dri o hogia bach y tu allan yn chwarae ffwtbol.

25

Brexit

Cynghrair y gogledd, Chwefror 3
Airbus UK Broughton 6:0 Port

TASWN I'N GWYBOD ar ddechrau'r tymor y byddai Port yn gorfod chwarae ddwywaith yn y *badlands* ar hyd y ffin yn nwyrain eithaf sir y Fflint ddau ddydd Sadwrn yn olynol, mi fyddwn i wedi cymryd wythnos o wyliau a bwcio stafell yn enw Alan Partridge yn nhravelodge Caer Northop Hall er mwyn y profiad diwylliannol. Bodlonais yn y diwedd ar *mini break* yn Queensferry nos Wener a thamaid i'w fwyta a pheint yn Saltney, y rhan arw o ddinas Caer sydd yng Nghymru. Cip sydyn twristaidd ar y Checkpoint Charlie Cymreig (pyb anniddorol o'r enw The Anchor) sy'n nodi ffin sydd heb ei nodi. Yna *curry sauce* a reis ar ochor y lôn efo fforc blastig y tu allan i decawê

Tsieinïaidd lle nad oedd y perchnogion erioed wedi clywed am Carl Sargeant, nac yn gwybod eu bod yn byw yn ei hen etholaeth, nac yn ymwybodol bod isetholiad i ddewis ei olynydd ddydd Mawrth wedyn – golygfa drist a swreal oedd yn haeddu ei lle yng ngholofn 'Low Life' cylchgrawn *The Spectator*.

Ar yr wyneb mae Airbus UK Broughton FC yn un o'r endidau plastig hynny sy'n gwneud drwg i bêl-droed Cymru: gwair artiffisial, stadiwm *flat-pack* o Ikea, safle dienaid ar stad ddiwydiannol, dim *clubhouse* pwrpasol, y maes wedi'i ail-enwi ar ôl noddwr, y nesa peth i ddim o gefnogaeth, hogia Port yn crwydro'n ddiamcan yn chwilio am rywun lleol i gael *banter* efo nhw. Ond mae'n glwb mwy diddorol na hynny am mai *works team* ydoedd yn wreiddiol. Mae timau o'r fath yn tystio i wreiddiau dosbarth gweithiol pêl-droed – clybiau 'gwaith' oedd Manchester United (tîm cwmni rheilffordd), Arsenal (gweithwyr cynhyrchu arfau'r lluoedd brenhinol) a West Ham (hogia cwmni adeiladu llongau yn nociau'r East End) – ac o ganlyniad mae gwerth hanesyddol i'r enw 'Airbus' (sy'n adenedigaeth Dr Who-aidd ar ei enwau cynt o fyd peirianneg awyrennol: Vickers-Armstrong, de Havillands, Hawker Siddeley, British Aerospace a BAE Systems). Mi ddylai enw gwreiddiol ei gae, The Airfield, fod o dan warchodaeth unrhyw ddeddfwriaeth Gymreig sy'n mynnu gofal i enwau hanesyddol.

Mae'r Hollingsworth Group Stadium (The Airfield gynt) yn ymyl strip glanio hir sy'n gwasanaethu'r awyrennau cargo anferth sy'n cludo adenydd yr Airbus A380, un o awyrennau mwya'r byd, o sir y Fflint i'r pencadlys yn Toulouse. Mae chwe mil o bobol yn gweithio ym Mrychdyn yn cynhyrchu'r adenydd yma, dwy fil yn fwy nag sy'n byw yn Port. Fel efo Wylfa B, Traws B (os daw) a maes gofod arfaethedig Llanbedr yn Ardudwy (a fedrai ddatblygu'n un o ganolfannau diwydiannol-filwrol mwya'r Deyrnas Gyfunol), mae Airbus Broughton yn tystio i ymgais i achub economi'r gogledd trwy ddatblygiadau diwydiannol anferthol.

O blith y datblygiadau mawrion hyn, Airbus ydi'r lleia niweidiol gan ei bod yn gweddu rywsut i anghenion poblogaeth leol. Byd arall ydyw i Port, er hynny, ac mae gynnon ni biti dros y cwpwl canol oed sydd wedi teithio'r holl ffordd o Port i lannau Dyfrdwy er mwyn peidio cael mynediad i'r gêm am fod y clwb adra'n pryderu y gallai'u ci ddianc a rhedeg ar y rynwe. Maen nhw'n aros i wylio'r gêm trwy'r ffens yr un fath.

Mi fasa hi wedi bod yn well tasan nhw wedi mynd adra. Yn y perfformiad gwaethaf ers sawl tymor, mae Port yn colli o chwe gôl i ddim, ac roedden ni'n lwcus i gael dim, chwedl yr Wltras. Ac aeth yr hogia yn eu blaenau:

'Chaplin 'di mynd i weld y rygbi efo'r musus. Ddylsa fo 'di rhoid ei chardia iddi hi. A 'swn i ddim yn i chwara fo wsnos nesa chwaith. A'r blydi *coaches* 'ma yn rhoi syniadau dwl yn benna'r hogia. *Badges* a blydi *coaches* llyfra. Fedri di ddim dysgu Brads i neud beth mae'n neud efo'r bêl. Na Chaplin o flaen gôl. 'Sa tîms ers talwm fatha Ebbw Vale ac Inter Cardiff 'di chwalu'r Welsh Prem hiddiw. Ma'r *facilities* yn well, 'na i roi hynny iddyn nhw, ond tydi'r ffwtbol ddim. 'Dan ni ddim yn ddigon da. 'Dan ni ddim yn rheoli'r bêl ganol gae, a be 'di'r blydi lol 'ma am y leisans? 'Sa gynnon ni well siawns o gyrraedd y Welsh Prem efo tîm o hogia yn cael cic-abowt ar grîn Borth a'r Maer yn chwarae *centre-forward*.'

'Dan ni'n ôl ar deras Stena Line yng Nghaergybi yn y glaw.

'Ond,' meddwn i wrth Young Rhydian wrth stelcian ymysg hogia a genod Llanfrothan yn Siop Coffi T. H. ar Stryd Fawr Port ychydig ddyddia wedyn, 'dwi ddim yn gweld Airbus yn gwneud fawr ohoni ar ôl Brexit. Colli'r cytundeb awyrennau efo Toulouse a cheiff y clwb 'na ddim sniff o'r Welsh Prem byth eto.'

Ond pan dwi'n holi rhai o gefnogwyr Airbus am hyn, 'dyn nhw ddim fel tasan nhw'n gweld y peryg. Fel llawer o Gymry, golwg myopaidd sydd ganddyn nhw ar y dyfodol.

Heddiw mae'r Cymry'n ddi-weld. 'Dan ni'n byw mewn cyfnod od; mewn *interregnum* rhwng y Gymru a fu a'r Gymru a fydd wedi i Brexit ddod i rym. Cyfnod o anhrefn ydi'r *interregnum* hwn. Neu ryw lonydd bygythiol, od ydi o fel sydd ar y môr cyn storm. Gan y bydd gan y gymdeithas newydd ei rheolau gwahanol, mae pob dim sy'n digwydd yn yr *interregnum* yn amherthnasol. Meddai golygydd *Desolation Radio*, Dr Dan Evans, gan ddyfynnu Antonio Gramsci, fod i *interregnum* sydd rhwng gwely angau hen fyd a phangfeydd geni'r un newydd 'symptomau morbid'. Gallai 'creisis ddatblygu, yn para efallai am ddegawdau'. Ond ni allasai hyd yn oed Gramsci, un o feddylwyr gwleidyddol gorau'r ugeinfed ganrif, fod wedi rhag-weld y cyfnod hwn o dymer ddrwg wrth i ni aros am Brexit, a'r unig obaith ydi un Godot, sef na fydd byth yn dod.

A phan ddaw Brexit, be wedyn? Wrth i'r ffin ag Ewrop gael ei chau, mi fydd yr un efo Lloegr ar agor led y pen. Mi fydd yr holl brynwyr tai fasa wedi licio cael blwyddyn ym Mhrofens yn ei throi hi am Eryri. Dim ond ein gwasanaeth iechyd sy'n cadw rhagor rhag riteirio yma. Does yna'r un sgotwr o Lŷn yn mynd i werthu'r un cimwch i Ffrainc byth eto, na'r un amaethwr yr un oen. Mae'n Ddolig yn barod ar yr ymgymerwr swyddi. Yng Ngwynedd, Cymry ydi pob un wan jac fydd yn cael ei ddiswyddo gan y cyngor. Mi fydd golwg ar y sir fatha'r blaned Tatooine: 'nialwch i bob cyfeiriad a *spaceport* yn ei chanol yn chwarae rhyfal.

Waeth i ni fynd allan at Lyn Cwellyn rŵan hyn a sbio ar y sêr. Sêr mor niferus â'r tylwyth teg. Oherwydd dyna faint yn fwy o ddynion gwyn sydd ar fin symud i Eryri.

Ond weithia mae dyn yn meddwl bod 'na obaith yr un fath. Y noson ar ôl y coffi yn T. H. efo Young Rhydian mi es i am sbin i Bwllheli. Mae Pwllheli yn medru bod fel y Wild West ar adegau, a thafarn y Whitehall ydi un o geyrydd ola *bourgeoisie* Cymraeg Llŷn yn wyneb y gwladychwyr newydd. Roedd y lle'n bopian efo athrawesau chwil yn chwythu swsys i gyfeiriad Gwilym Bowen Rhys ac roedd 'na ffidil ar y llwyfan hefyd. Doedd canu pennill cynta cyfarwydd 'Dwy Law yn erfyn' ddim yn ddigon da, a dyma un o'r athrawesau yn cael hyd i gopi o *Caneuon Ffydd* a mynnu canu *encore*, efo'r ail a'r trydydd pennill i'w ganlyn. Roedd pawb yn bloeddio wedyn ''Sa 'na dafarn yn fan hyn 'sa fo'n booming' ac yn wir roedd y Cwrw

Llŷn yn llifo. Daeth Gwenllian ata i a rhoi sws ar fy moch ac fy atgoffa fy mod wedi rhannu stafell efo hi ym Mhantycelyn. Mae hynny'n wir. Dwi'n cofio gwylio *Hel Straeon* efo hi. Ro'n i'n canlyn hefo'i rŵm-mêt o D'weiliog ar y pryd. Anodd canlyn efo neb yn stafelloedd Pantycelyn heb fod y rŵm-mêt yn magu rhyw adnabyddiaeth arnat ti hefyd. Cyflwynodd Gwenllian fi i athrawes ddi-fodrwy ac yn yr oedran iawn hefyd.

'Dyma fo,' meddai hi, gan wneud y cyflwyniadau'n hapus braf i gyd. 'Roedd o'n arfer rhannu stafell efo fi ym Mhantycelyn ac mi fydda fo'n fflemio yn y sinc bob bore.'

26

Merched a'r byd pêl-droed

Cynghrair y gogledd, Mawrth 14
Port 4:2 Caergybi

YN YSTOD CHWEFROR a Mawrth, daeth tair gormes ar Wynedd: eira, eirlaw a glaw. Gwelwyd eira'n gorweddian ymysg y morloi ar draethau Enlli. Setlodd ar y Traeth ei hun. Caeodd yr ysgolion. Nid oedd modd teithio i Ffestiniog na Traws. Cafodd Parêd Dewi Sant Pwllheli ei ganslo. Ac nid oedd modd chwarae pêl-droed.

Amser rhwystredig i bob un o gefnogwyr Port. Roedd anhapusrwydd ac anhwylustod ar bob tu. Dechreuodd toriadau'r sector cyhoeddus frathu. Collodd y cwmni bysiau a wasanaethai Borthmadog ei drwydded. Nid oedd Gwynedd wedi medru trefnu gwasanaeth yn ei le, ac am fisoedd lawer roedd hi'n anodd cael bws yn Port, ac yn Borth yn amhosib. Caeodd Cyngor Gwynedd holl glybiau ieuenctid y sir. Collodd yr Urdd ei grant, a'r Ffermwyr Ifanc hefyd. Câi'r cwbwl ei edliw i mi ar y Traeth.

Yng Nghymru, roedd y ffrwgwd rhwng Neil McEvoy a Phlaid Cymru'n ddrewdod trwy'r awyr i gyd. Doedd pethau ddim mymryn gwell yn y Blaid Lafur. Mewn enw yn unig roedd Carwyn Jones yn Brif Weinidog. Fel Hamlet, daeth Jack Sargeant, mab Carl Sargeant, i'r brifddinas yn sgil marwolaeth ei dad. Ddigwyddai ddim yng ngwleidyddiaeth Cymru ond ffraeo di-fudd.

Am chwe wythnos, chwaraeodd Port yr un gêm. A phan ddaeth gêm, roedd y gêm ganol wythnos. Y noson honno yng Nghaernarfon, roedd Rebeca yn actio un o'r prif rannau mewn drama yn y Galeri am Kêr-is, y ddinas Lydewig chwedlonol a foddwyd fel Cantre'r Gwaelod. Codasid Kêr-is ar dir wedi'i hawlio o'r môr ac roedd yn cael ei gwarchod gan ei Chob, ond fe'i boddwyd pan agorwyd y dorau yn ystod storm a llanw uchel. Roedd hi'n ddrama dda, ond nid dyna'r pwynt. Mi gollais i'r rhan fwya o'r gêm.

Dwi ddim yn edliw i Rebeca ei diffyg diddordeb mewn pêl-droed. Mi fyddwn fy hun yn barod i herio pob ystrydeb rywiaethol, a mynd efo hi i'r Traeth. Mi aeth unwaith a bod yn *cheerleader* y tu ôl i'r gôl. Ond rywsut, doedd hyn ddim yn tycio; efallai am ei bod mor ystrydebol. Cariadon a mamau'r chwaraewyr ydi'r rhan fwyaf o'r merched sydd ar y Traeth.

Mae Bethan Gwanas yn taro heibio'n achlysurol, ac unwaith mi ddoth Gwyneth Glyn. Mae yna rai sy'n mynd i bob gêm wrth gwrs. Mae Jane yn gwerthu tocynnau raffl wrth y giât. Mae mam Josh yn y gegin. Mae Jackie a Nicola yn gweithio dros y clwb ddydd a nos. Fel arfer mae Enid, sy'n un o hoelion wyth bywyd Tremadog, y tu ôl i'r bar. Hi sy'n agor y *clubhouse* os ydw i wedi trefnu gìg gan Steve Eaves neu stand-yp efo Tudur Owen a Dyl Mei.

Mae cyfraniad y merched hyn i'r clwb yn aruthrol. Ac mae'r clwb yn ymwybodol o hawliau merched hefyd. Cyn bod pêl-droed merched yn ffasiynol, roedd gan Port bwyllgor merched, ac yn y pumdegau byddai'r clwb yn trefnu gêm bêl-droed merched ar ddiwrnod carnifal. Heddiw mae un o ferched Port yn seren ryngwladol. Mae Cassia, sy'n chwarae pêl-droed dros Lerpwl a Chymru, yn un o'r criw sy'n hyfforddi'r plant. Mae 'Port yn y gymuned' yn trefnu dosbarthiadau ar gyfer genethod y cylch. Lindsay ydi'r *physio*. Yng nghynghrair y gogledd mae merched yn reffio ac yn rhedeg y lein. Ond mae'n anodd rhoi sbin ffeminyddol ar bob agwedd o fywyd pêl-droed. Fel drych ar fywyd merched yng nghefn gwlad Gwynedd, mae'r Traeth yn annigonol. A tydi Rebeca, fy merch i, ddim eisiau mynd.

Mae'n anoddach i ddyn sydd ddim yn byw efo'i blant feddwl am bethau i'w gwneud efo merch yn ei harddegau cynnar. Mae'n ddigon hawdd mynd efo hogyn i'r Traeth. Ond dwi'n gwybod dim am golur. Na ffasiwn genod a Topshop. Mae'n rhaid i mi ddibynnu ar fy nghryfderau i ac ar ei chryfderau hi – sef fy mod i'n oedolyn, a hithau'n oedolyn ifanc. Felly, mi fydda i'n bwyta allan tipyn efo hi, a gan ei bod yn bedair ar ddeg, yn gadael iddi gael llwnc o'r gwin croyw, er mwyn iddi ddysgu'r gwahaniaeth rhwng coch a gwyn. Hefyd, mynd am dro ar hyd yr aber rhwng Borth a Morfa, gan drafod pethau'r byd, er enghraifft mai lol ydi arholiadau ond y bydd Lefel A yn cyfri. Ac yn ei darbwyllo i astudio Ffrangeg yn yr ysgol, a dwi'n ceisio ei chymell i fynd efo fi i ysgol haf yn Biarritz sy'n cynnig cwrs wythnos o'r enw 'Ffrangeg a Syrffio'. Mi allai Nant Gwrtheyrn gynnig cwrs Cymraeg cyffelyb ym Mhorth Neigwl.

Ac yn ddiweddar dwi wedi dechrau mynd efo Rebeca ar wyliau. Mae'n gyfle i drafod celf a hanes, ac i siopa. Fis diwetha roeddwn yn darlithio yn Osaka a Tokyo i'r Raymond Williams Society of Japan. Arwydd o'r newid byd arna i ers derbyn swydd yn y de. Aeth efo fi, a bwyta ei sashimi yn dda. Dim ond ar y noson ola wnes i godi cywilydd arni hi, pan aeth pawb allan i fwth carioci yn Tokyo gyda'r nos. Mi genais i anthem pync y Sex Pistols 'God Save the Queen', a gwneud ystumiau hefyd. Mae'n siŵr fod 'na pync neu *skinhead* y tu fewn i bob cefnogwr pêl-droed. Wel, mi oedd yn Llundain yn y saithdegau a'r wythdegau beth bynnag.

Ar ddiwedd y ddrama, dwi'n tecstio Rebeca er mwyn deud wrthi hi ba mor wych oedd y cwbl. 'Tyd allan' ydi'r neges, ond mae hi'n siarad efo'i ffrindia ac yn ara deg. Erbyn i mi gael cyfle i'w llongyfarch a'i chofleidio, mae ugain munud wedi mynd ers diwedd y sioe.

Dwi'n cyrraedd y Traeth efo chwarter awr ar ôl. Yr unig beth o bwys dwi'n ei weld ydi'r gic rydd fwya gogoneddus gan Brads sy'n hofran yn yr awyr wrth fynd dros ben y wal a'r goli i gefn y rhwyd. Mae Phil Stead, y *groundhopper* hawddgar, yno, ac mae'n trydar y dylai un o glybiau'r Welsh Prem lofnodi Brads. Plis, peidied neb â gwneud hynny.

27

Dilwyn

Cynghrair y gogledd, Mawrth 17
Cegidfa 1:3 Port

MAE DILWYN YN dod allan o'r cwmwl eira.

'Ma'n oerrr!'

'Dil, dwi'n gweld ffyc-ôl.'

'Port yn curo tŵ-won.'

'Dwi'm yn medru gweld y leinar hyd yn oed!'

Mae eira'n chwyrlïo ar draws y cae. Mae ffigyrau'n dawnsio ynghanol y gwynder brith fel cysgodion. Dwi'n gweld cyn lleied dwi ddim yn sylwi bod Rob wedi cael ei anfon o'r cae. Does gen i ddim syniad fod Port yn chwarae efo deg dyn. Yna mae'r cymylau'n torri, ac mae'n heulwen sydyn. Mae cenllysg yn rowlio ar hyd y ddaear fel marblis, ac mae Brads yn torri drwy amddiffyn Cegidfa, yn rowndio'r goli ac mae buddugoliaeth Port yn ddiogel.

Yn y Kings Head ar ôl y gêm, dim ond fi a'r chwaraewyr sydd yno o blith criw Port a dwi'n cuddio fy swildod arferol o flaen y tîm trwy gogio gwylio'r gêm rygbi rhwng Cymru a Ffrainc ar y teli. Does yna'r un o hogia Port yn ei gwylio. Does yna fawr o neb yn y dafarn yn ei gwylio chwaith. 'Dan ni yn y Faldwyn Saesneg, filltir neu ddwy i'r gogledd o'r Trallwng. Mae Amwythig wedi cael canlyniad da heddiw, ac mae dau ddyn canol oed yn canu 'Two-one to the mighty Shrews!' yn eu hacenion Powysaidd. Maen nhw'n swnio fel acenion swydd Amwythig i mi, ond mi fyddai pobol leol yn clywed y gwahaniaeth.

Weithiau mae dilyn Port yn ddigon unig, serch fy mod yn licio unigedd. Dim ond 70 oedd yn y gêm heddiw yn swyddogol ac o'r hyn welais i o'r dorf drwy'r storom eira, mae'n rhaid fod Cegidfa wedi cyfri staff y cwt te, y ddwy fainc a'r reffarî i gyrraedd y ffigwr yna. Does yna'r un o'r deg ar hugain fentrodd o Port mewn tywydd mor fawr yn gwastraffu amser yn y Kings Head er mwyn gwylio dynion yn canlyn wy. Mae'n rhaid iddyn nhw ffoi am Ddyffryn Tanat a'r lôn anghysbell dros fynyddoedd y Berwyn i'r Bala cyn i'r eira gau amdanom. Neb ond un. Mae Dilwyn yno hefyd, yr unig Wltra arall yn y dafarn i gyd.

Gan nad ydw i erioed wedi gweld Port a Dilwyn heb fod yno, gofynnais iddo fo yn y Quarry End unwaith:

'Faint sy 'na ers i chdi golli gêm, Dil?'

'Twenti-ffeif îars.'

Yn ystod y chwarter canrif yna, mae Dilwyn wedi bod ym mhob gêm gartre, ac oddi cartre hefyd, boed gwpan neu gynghrair. Mae lluniau ohono fo'n blentyn ar ffêsbwc Port yn teithio i gemau yn y de pan oedd Port yn y Welsh Prem, ac yn ddiweddarach, mae wedi bod ym mhob pentre pêl-droed ar hyd y gogledd bron: Llanrhaeadr-ym-Mochnant, Glantraeth, Nefyn.

Ddau dymor yn ôl, roedd yn rhaid iddo gael llawdriniaeth yn Ysbyty Gwynedd a threfnwyd y driniaeth ar gyfer dydd

Iau. Roedd Port yn chwarae yn Nhreffynnon ddydd Sadwrn, ac roedd record Dilwyn yn y fantol. Fore Sadwrn, canslwyd y gêm oherwydd glaw annisgwyl o drwm, a chadwodd Dilwyn ei rediad perffaith o gemau gartre ac oddi cartre.

Tua'r un adeg, roeddet ti'n bur obeithiol y medret ti ennill 'cefnogwr y flwyddyn' yn y noson wobrwyo ddiwedd tymor. Mi fyddet ti wedi ffitio'r proffeil yn dda: plentyn oedd wedi bod ym mhob gêm fwy neu lai, cefnogwr lled newydd. Ond pan ddaeth y cyhoeddiad, enw Dilwyn ddaeth i'r fei, a fo, nid chdi, aeth ar y llwyfan i nôl y *24-pack* oddi wrth Paps, rheolwr Port. Y flwyddyn wedyn, mi wyddost ti na fyddet ti'n cael llwyfan. A do, Dil aeth â'r lager adra unwaith eto.

Mae tipyn o dynnu coes ymysg y cefnogwyr ac yn 2004 mae hanes ar wefan Port mai Dilwyn ydi:

> ... calon y clwb ond mae rhai o'r hogiau yn poeni braidd ei fod yn dangos ffafriaeth!! Maent yn sylwi fod crys gôl-geidwad Rhif 1 Gerard McGuigan yn cael ei smwddio yn berffaith ac wedi ei blygu a'i osod ar ei sêt yn yr ystafell newid. Hefyd, mae Mike Foster wedi clywed sibrydion fod Dilwyn wedi cael ei weld yn gwisgo crys Ged yn Tesco Port.

Dyna deyrnged i waith cydwybodol Dil fel stiward a *kitman*. Dyn sy'n gwneud ei waith yn dda. Gŵr llawen yn croesi cae ar ddiwedd gêm mewn *sweatshirt* glas tywyll swyddogol a *holdall* yn ei law.

Ond mae ochor arall i Dil fel wyneb cyhoeddus y clwb. Trasiedi fwya'r Traeth oedd pan lofruddiwyd Ffion Wyn Roberts yn 2010. Canfuwyd ei chorff yn y Cyt. Roedd hi'n un o ddilynwyr ffyddlon Port ac yn gweithio yn y cantîn. Arweiniodd Dilwyn y ddau dîm allan i'r cae y dydd Sadwrn wedyn a gosod torch o flodau yn y cylch canol ar ran y clwb a phobol Porthmadog.

Pan oeddwn yn ddi-waith, byddwn yn gweld Dil bob dydd bron. Byddwn yn cerdded tuag at y ganolfan hamdden, a dyma Dil o 'mlaen. Mynd ar hyd Lôn Borth ac wrth i mi gyrraedd yr Eglwys Gatholig, pwy a welwn yn dringo'r allt ond Dil. Pe bawn wrth ffenast caffi Borth yn syllu ar y gliniadur ac yn digwydd codi fy mhen yn sydyn, byddai Dil ar y grîn wrth ymyl cwch Cei Bach ar ei ffordd tua'r cychod go iawn. Taro heibio Garej Glyn er mwyn holi ynghylch rhyw jobyn, a dacw Dil yn tincran efo ceir yn y cefn.

Tydi tywydd yn mennu dim ar Dil. Boed law neu hindda mae Dil yn cerdded ein strydoedd. Os ydi hi'n glawio mi fydd yn ei gôt law. Os ydi hi'n heulog, yn ei grys coch Man U. Fel un o swyddogion Port, dydi o ddim yn gorfod gwisgo crys coch a du fel fi a chdi er mwyn profi teyrngarwch. Mae Dil yn hwyliog hefyd, ac yn aros i daro sgwrs bob tro:

'Holihèd dy' Sadwrn.'

'Mi fydda i yno. Gobeithio am dywydd braf a bod y gêm ddim yn cael ei chanslo.'

'Junior yn dod?'

'Ydi. Mae efo fi'r penwythnos.'

'Na. Cheith Junior ddim dod. Port yn colli pan mae Junior yn dod. Junior yn *banned*!'

A'r chwerthiniad iach yn dilyn. Dach chi'ch dau'n ffrindiau penna wrth gwrs, a 'dan ni'n gweiddi ar hyd y Stryd Fawr bob tro 'dan ni'n ei weld, 'C'mon Port!' Ac yn y car wedyn, deud bod Dil wedi gadael Pensyf ond heb gyrraedd Siop Eifionydd eto, mi fydda i'n arafu'r car ac yn agor y ffenast a byddi di'n codi dy fawd wrth fynd heibio.

Pan oeddan ni'n ddiarth yn Port, doedd yna neb yn fwy cyfeillgar a chroesawgar na Dil. A does neb yn nabod Port yn well na Dil. Mae'n rhodio ei strydoedd bob dydd fel brenin yn cylchu ei deyrnas.

Mae pawb o gefnogwyr Port yn falch o'r cyfraniad mae'r Traeth yn ei wneud i fywyd yr anabl, a'r cyfraniad mae'r anabl yn ei wneud i fywyd y Traeth. Yr wythnos yma ydi wythnos 'dathlu mynediad a chynhwysiad pêl-droed i gefnogwyr anabl'. Yn y lluniau swyddogol, mae Brads a Harvey yn dal sgarff yr ymddiriedolaeth anabledd, ac yna yn y llun nesa mae Dilwyn yn cydio ynddo.

28

Hŵrs a lladron a pobol cregyn duon

Cynghrair y gogledd, Mawrth 24
Port 2:0 Rhuthun

'HŴRS A LLADRON a pobol cregyn duon.'

Gan Louie y clywais i'r ymadrodd gyntaf. Yn y Ship neu'r Aussie roeddwn i, efo criw Llais Gwynedd fwy na thebyg, yn y dyddiau braf hynny cyn i bethau suro rhyngom ar ôl i mi gefnogi'r ymgeisydd anghywir mewn etholiad ar sail rhywbeth mor fympwyol â theyrngarwch plaid. Mae'n ymadrodd gwych am bobol y Port, o'r bedwaredd ganrif ar bymtheg pan oedd y porthladd yn ei anterth. Mae arno flas poblogaeth wledig yn difenwi *lumpenproletariat* trefol. Mae'n ddigon hawdd deall hŵrs a lladron fel motiff rhyngwladol am fywyd dociau. Ond beth am y cregyn duon? Term pobol Port am gregyn gleision ydi hwnnw. Cyfeiriad ydi'r cregyn, dybiwn i, at le ymylol gwerin Gymraeg mewn trefn gyfalafol sydd o hyd yn ddigon cyntefig i gynnwys *subsistence economy* o'i mewn. Mae'n cyfleu peth o'r ddibyniaeth ar y môr drwy sôn am y traethau creigiog ar hyd ochrau afon Glaslyn ac o amgylch y Port lle byddai'r cregyn yn cael eu hel.

Mae'r ymadrodd ar lafar o hyd. Siawns nad dyna wraidd 'Llond Lle o Hŵrs a Lladron', enw cryno-ddisg Mr Huw, y band un dyn a ffurfiwyd pan ddaru 'Huw gyfarfod ei hun pan ddaeth dau fydysawd paralel at ei gilydd un diwrnod wrth iddo fynd â photeli i'w hailgylchu ym maes parcio Co-op Porthmadog.' Ac mae Dyl Mei, mab Louie, yn arddel safbwynt tebyg pan mae'n dweud ei fod yn 'Port Scum'. Mae pobol yn falch o ymadroddion o'r fath am fod troi sarhad yn fathodyn hunaniaeth yn ffordd o wrthsefyll y gamdriniaeth. Felly, mae ffans Caerdydd yn canu 'Sheepshaggers' gan daflu hiliaeth y Saeson yn ôl yn eu hwynebau, ac mae cân Millwall, 'No one likes us, we don't care', yn brotest yn erbyn beth mae Owen Jones yn cyfeirio ato yn *Chavs* fel 'demonisation of the working class.'

Hŵrs a lladron a pobol cregyn duon: dwi'n cofio chwerthin wrth feddwl am yr ymadrodd wrth gerdded y llwybrau yn Borth a syllu ar ddyn unig yn ei oferols yn tyllu am lygwns. Mae'n ddigon hawdd i mi anghofio am hynny rŵan a finnau'n Athro Cyswllt mewn prifysgol yn y de, yn gyffyrddus fy myd, ac yn mynd i'r Traeth i weld Port yn curo Rhuthun am fod hyn yn cynnig llonydd yng nghanol prysurdeb, yn hytrach na phrysurdeb yng nghanol llonyddwch fel yn ystod y dyddiau di-waith.

Mi faset ti 'di medru cymryd swydd mewn caffi, meddai pawb.

'Oedda chdi'n sâl?' holodd Alun Cob.

Roedd elfen o snobrwydd ynghlwm wrth fy mhenderfyniad i beidio gwneud dim ac yma, hwyrach, mae salwch meddwl yn dod i'r fei. Roedd yn well gen i fod yn ddigyflog nag ennill tair mil ar ddeg yn y diwydiant twristaidd.

Pan ges i ddêt neu ddwy efo Cerys yng nghanol yr iselder hapus yma, wnes i grybwyll wrthi y gallwn gymryd deuddeg swydd isafswm cyflog, neu gyflog isel, gwahanol dros gyfnod o ddeuddeng mis yng Ngwynedd a Môn. Yna byddwn yn ysgrifennu am y profiad ar lun *Down and Out in Paris and London* George Orwell – *Down and Out in Port and Llanllyfni*, efallai. Yn hytrach na gweld y frawddeg ar wefan Job Centre Port, 'Apply, Or, Tell Us why you don't wish to apply for this job', yn fygythiad, ei gweld yn gyfle.

Hollol ffuantus, meddai hi, am fod gen i gyfalaf wrth gefn, ac addysg brifysgol a chysylltiadau cymdeithasol, ac yn byw mewn tŷ mawr cynnes ar 'arian fy rhieni'. A ph'run bynnag, mae llawer o'r jobsys yna'n iawn, ac yn fwy defnyddiol na'r *non-jobs* mae plant dosbarth canol yn meddwl bod ganddyn nhw hawl ddwyfol arnyn nhw (bod yn swyddog iaith, er enghraifft). Dim ond wancar sy'n meddwl bod dynes sy'n gweithio mewn caffi yn gwneud job ddi-werth.

Ac o ran bod yn ddi-waith, er y gallwn brofi'r anobaith, ni allwn fyth brofi tlodi. Nid oes neb llenyddol fedr sôn am hynny am nad oes gynnon ni yn y gymuned Gymraeg, er tloded y gymdeithas, fawr neb sy'n llenydda ac yn byw yn yr amgylchiadau hyn.

Byddai i mi geisio gwneud hynny'n ymarferiad hollol seithug a byddwn fel yr hogan *spoilt* yng nghân Pulp, 'Common People':

> Because you think that poor is cool.

Dyna ddywedid wrtha i yn nhafarndai Port hefyd. Roeddem yn pwyso ar y bar yn yr Aussie ar y pryd a Louie yn ynganu fel tasa hi'n cnoi gwm:

'Mi fyddi di'n iawn. Rwyt ti'n glyfar.'

I'r dosbarthiadau proffesiynol, ansicrwydd cyflogaeth yn hytrach na chyflogau isel ydi'r bwgan mawr. Bathwyd termau ar gyfer yr ansicrwydd yma, megis i gyfiawnhau ei fodolaeth: *precarity*, *precarious*, *precariat*. Mae *precarity* yn perthyn i fyd cytundebau 'sero awr' caffis a bwytai a gwaith tymhorol isel ei gyflog, ond mae hefyd, ar ffurf cytundebau dros dro, yn nodwedd ar swyddi coler wen, gan gynnwys cyflogaeth yn fy maes i, y byd academaidd. Peth afiach ydi *precarity*. Mae ansadrwydd y cytundeb dros dro yn nadu pobol rhag cael morgais, ac yn anneniadol i ddarpar-gymar, yn rhwystro cyplau ifanc rhag gwneud babis, ac yn arwain at anhwylustod o bob math. Afiechyd cyfalafiaeth hwyr ydi hwn, ac nid yw'n fwy afiach yn unman nag yn economi ymylol, dymhorol, drefedigaethol Gwynedd.

I'r byd yma y deuthum pan adewais fy swydd barhaol yng Nghaerdydd. Awr neu ddwy i Brifysgol Bangor, dau dymor dros y we i Brifysgol Uppsala yn Sweden, awran i Aberystwyth, blwyddyn ran-amser i'r Coleg Cymraeg. O ran sbeit, mi wnes i sefydlu, efo academwyr di-waith eraill, fy mhrifysgol fy hun, Prifysgol Llŷn ac Eifionydd.

Oherwydd dyma fyd fy ffrindiau hefyd. Richard Glyn yn y 'Berch 'cw, ysgolhaig penna ei genhedlaeth: mae'n treulio ei ddyddiau yn torri coed ac yn cyfieithu i'r Goron ac yn dysgu yn y Nant, ac er bod pob un o'r rhain yn alwedigaethau llawer mwy anrhydeddus na gweinyddiaeth prifysgol, mae yma 'wastraff ar athrylith'. Richard ddeudodd wrtha i fod angen sgwennu 'nofel' am ddynion canol oed di-waith yng Ngwynedd. Mae angen i rywun 'ddweud y gwir'.

29

Mae'r holl beth yn anghredadwy

Cynghrair y gogledd, Ebrill 11
Dinbych 1:0 Port

'PORTHMADOG BOYS? CROESO i Ddimbech. Ar ran y clwb a fi, Cliff.'

'Mae'n gneud bob blwyddyn pan 'dan ni'n Denbigh,' meddai un o'r hogia.

Mae Cliff yn croesawu'n unigol bob un o Wltras Port i Central Park, cae pêl-droed Dinbych, y cae ffwtbol mwyaf llenyddol yng Nghymru, sy'n swatio yn ei lecyn braf rhwng cerrig yr orsedd a'r Cilgwyn, tŷ llydan Dr Kate.

Dwi'n dathlu fy mhen-blwydd heddiw, yn rwbath-a-deugain drachefn. Dwi yno yn y gôt John Motson brynais i ym marchnad Camden ganol y nawdegau.

'Pearly King Port,' meddai Dyl, 'would you buy a car off this man?'

Drwy aea oer a gwlyb, dwi 'di cario fflag Port rownd caeau'r gogledd ac wedi cyhoeddi droeon, 'Mae cael fflag fatha cael ci. Dim byd ond traffarth.' Ond yn ôl Dylan Rhos-lan, mae 'pawb yn licio ei gweld hi.' Ond heddiw mae'n ben-blwydd arna i, a dydw i ddim eisiau treulio hanner amser yn ceisio ei symud i ben arall y cae, cyn trio ei chodi eto ar yr union ongl iawn i Paps fedru ei gweld o'r *dug-out* oddi cartre. Dwi'n ei gadael yng ngofal Mark a'r gefnogaeth awê, ugain o Wltras wrth y rheilen rhwng yr eisteddle a'r cwt te yn wynebu mainc Port.

Dwi'n pasio'r amser y tu ôl i'r gôl yn malu cachu efo Brads Senior. Mae rhieni Brads yn dod i bob gêm. Mae tad Chaplin yn gwneud yr un fath. Mae'r ymrwymiad yma gan rieni wrth iddynt gefnogi eu meibion, gan eu dilyn o glwb i glwb, yn ysbrydoliaeth i mi fel tad.

Dwi'n cael yr hanes am yrfa Brads efo Blaenau Amateurs, Penrhyn, Bala, Academi Port a thîm dan 19 Bangor, ac yn holi pam nad ydi chwaraewyr yn mynd yn nerfus ar y cae o feddwl fod cannoedd yn eu gwylio. Wedi'r cwbwl, dwi'n nerfus cyn siarad yn gyhoeddus. Mae'r chwaraewyr yn ymgolli yn y gêm unwaith fod y chwiban wedi mynd, ydi'r ateb, ond dwi 'di sylwi bod Brads yn gyndyn weithiau o wneud cyfweliadau fideo i Port TV, sianel You Tube y clwb, sy'n [illegible] fel y seren amlyca. *Nerves*, mae'n siŵr. Ond fedrwn i ddim chwarae pêl-droed: nid yw pawb yn gwirioni'r un fath.

'Os dach chi byth yn styc wrth siarad,' meddai Brads Senior wrtha i, yn sôn am fy nerfusrwydd innau cyn gwneud cyfweliad, 'dudwch "Mae'r holl beth yn anghredadwy". Mae hwnna fatha *safe word*. O'dd hwnna ar y *go* gynnon ni am flynyddoedd yn Blaenau.'

Peth doniol iawn. Mae'n fy atgoffa o hoff gêm y

newyddiadurwyr hynny sy'n sylwebu ar gynadleddau gwleidyddol hirfaith a diflas, sef ceisio defnyddio ymadrodd neilltuol wrth drafod rhyw araith ddi-fflach o'r llwyfan.

'Be dach chi'n feddwl am y cynllunia i gau holl glybia ieuenctid Gwynedd, Maer Borth?'

'Wel, w'chi, mae'r holl beth yn anghredadwy.'

'Dach chi 'di meddwl erioed pam fod Caerdydd yn cael swyddi cyfieithu Cyllid a Thollau ei Mawrhydi er bod yr uned Gymraeg yn Port?'

'Ia, yntê. Mae'r holl beth yn anghredadwy.'

'Beth am y sïon fod Bangor heb gael y leisans ac y byddan nhw i lawr yn yr ail adran y flwyddyn nesa?'

'Bangor yn dod i Bort, a'r Cofis ddim yn eu gwynebu nhw fyth. Wna i biso fy hun yn chwerthin. Mae'r holl beth yn anghredadwy.'

Ond wyddoch chi be dwi'n ei gael yn wirioneddol anghredadwy?

Natur grym gwleidyddol ei hun. Mae bron pob mudiad yn y byd yn siomi ei gefnogwyr ar ôl ennill grym, ac nid yw mudiadau chwyldroadol gan amlaf ond yn atgynhyrchu hen batrymau grym ac anghyfiawnderau a nodweddai drefn flaenorol. Nid yw cenedlaetholdeb yn eithriad i hyn.

Am fisoedd, bues i'n rhefru yn erbyn Gdîdd a sut mae wedi dwyn adnoddau a grym Gwynedd. Does dim rhaid i ni bryderu am genedlaetholdeb Cymreig, meddai'r hanesydd Marcsaidd bydenwog, Eric Hobsbawm, o'i dŷ haf yng Nghroesor, oherwydd mewn Cymru annibynnol, fydd dim oll yn newid. Mi fydd popeth yn parhau fel o'r blaen. Deuthum innau hefyd i dybio na fyddai llywodraeth o Gdîdd damaid yn wahanol i lywodraeth o Lundan, ond gellid datrys yr anhawster drwy fod Gdîdd yn rhannu grym efo Gnarfon. Ond mae llywodraeth Gnarfon yr un mor wrthnysig.

Dydi Gnarfon ddim yn gwrando ar neb ond arni hi ei hun. Wrth reswm, mae yna bobol ardderchog yno ond y cwestiwn felly ydi pam fod y traha yn cael cymaint o raff. Problem yn deillio o hirhoedledd grym gwleidyddol un blaid ydi hyn, fel efo grym Llafur yng nghymoedd y de, neu'n wir yn y Senedd ei hun.

Fyddai ymreolaeth i Port yn ateb y broblem? Mae cymaint o *in-fighting* yn Port nes y byddai'n anodd dod â dim i fwcwl. Dwi'n anghofio weithiau pa siopau sydd wedi ffraeo, ac yn mynd i mewn i siop Llais Gwynedd ar gyfeiliorn pan y dylwn i fod yn glynu at siopau'r Blaid. Mae hynny wrth gwrs yn creu embaras i bawb. Ac am yr holl dynnu'n groes yn y Cyngor Tref, dwi wedi clywed mai dim ond Tywyn sy'n waeth. Ar fy myw, yr unig beth yn y byd hwn a allasai fod yn fwy rhwystredig na llywodraeth o Gnarfon fasai llywodraeth o Port.

A fi ydi Prif Weinidog y llywodraeth honno.

Mae grym gwleidyddol mewn trefn ddatganoledig fel doliau Rwsiaidd. Dol Port o fewn dol Gnarfon o fewn dol Gdîdd o fewn dol Llundan. Dowch efo grym yn nes at y bobol, rhowch hi i ddol Port, meddan nhw. Ond yr un ydi'r natur ddynol ym mhob man.

O ddod â grym gwleidyddol yn nes, gallwn weld ei wep yn gliriach, a hynny sy'n peri mwya o loes i ni am fod camweddau yn ein broydd ein hunain yn fwy gweladwy, yn fwy gwybyddus, ac felly'n fwy poenus. Pan dwi'n sbio i fyw llygad wyneb hagr dol Port, mae gen i ryw hen hiraeth am waredu'r cenedlaetholdeb a'r brogarwch i gyd, a darganfod o'r newydd y gwerthoedd cyffredinol sy'n uno dynolryw.

30

Cestyll ein concwerwyr

Cynghrair y gogledd, Ebrill 14
Y Fflint 2:0 Port

'MAE'R HOLL BETH yn anghredadwy!' meddai tad Brads wrtha i ar y ffordd i mewn i Gae y Castell, maes Clwb Pêl-droed y Fflint.

Gwir y gair. Mae Cymru heddiw yn anghredadwy, fel y profiad dynol ei hun.

O'r holl gaeau y bydd yr Wltras yn mynd iddyn nhw ar eu teithiau, Cae y Castell ydi'r un mwya symbolaidd. Rhan ydi o mewn gwirionedd o dirwedd castell y Fflint, un o gestyll Normanaidd Edouard I, brenin Lloegr, concwerwr Gwynedd. Dyma'r castell mawr estron cyntaf y dowch ato wrth deithio i'r gogledd o gyfeiriad Caer, ac wedi croesi afon Dyfrdwy dyma'r arwydd amlwg cyntaf hefyd eich bod yn Pura Wallia, tiroedd

Llywelyn. Dyma'r castell y bwriadodd y gwleidydd Llafur, Ken Skates, godi cylch haearn enfawr o'i flaen er mwyn dathlu camp y Saeson yn goresgyn cenedl y Cymry. Byddai hyn yn 'adfywio' Fflint efo twristiaeth Seisnig. '*Ringpiece* Ken Skates' oedd enw'r datblygiad ar lafar gwlad. Heddiw, dwi'n codi dau fys arno wrth fynd i mewn i'r cae.

Cestyll ein concwerwyr ydi'r adeiladau pwysica yn ein gwlad am eu bod yn datgan yn blaen fod y Cymry wedi eu goresgyn, fod eu llinach frenhinol wedi ei dileu, fod eu hiaith wedi ei gwahardd, fod trefn apartheid wedi ei chreu er mwyn eu gorthrymu a hynny efo grym milwrol noeth. Rhyfel imperialaidd oedd yr un yn erbyn y Cymry, a charchardai sy'n tystio i arteithio, glanhau ethnig, troseddau rhyfel ac yn wir troseddau yn erbyn y ddynoliaeth ydi'r cestyll hyn, yr un mor ffiaidd ag unrhyw beth sy'n digwydd ym Mhalesteina heddiw. Gwladwriaeth a seiliwyd ar wladychiaeth, hiliaeth a thrais yw'r un Brydeinig. Rwy'n dirmygu'r haneswyr hynny sy'n ceisio gwadu hyn, megis wrth honni mai'r tu allan i Ewrop yn unig y digwyddai pethau o'r fath, ac i bobol dduon neu i bobloedd gynhenid yn unig, gan anwybyddu mai dyna ydi'r Cymry – pobol gynhenid Ynys Prydain. Fel pawb sy'n disgyn o gyff gwerin Gwynedd, mi gafodd fy ngharennydd eu cam-drin yn gorfforol ac yn rhywiol yn y cestyll hyn.

Dywediad diweddar ydi 'white privilege', sef y manteision anweledig sydd gan bobol wynion. Mae'n wireb amlwg: wedi'r cwbl, pobol wynion o Ewrop wladychodd y glôb yma, a'u gwerthoedd hwy ydi sail diwylliant y gorllewin. Roedd gan y Cymry eu rhan yn y gorthrwm hwnnw. Cadwai Goronwy Owen, er enghraifft, gaethweision ar ei blanhigfa yn Virginia. Ond fedrwch chi ddim byw yng nghysgod cestyll y gogledd heb ymgynefino â grymuster arall, sef grym y byd Angloffon sy'n treiddio, fel gwynder, i bob man. Mae Saesneg ar bob tu: mae'n llifo drostom, odanom a thrwyddom ni. Mae fel ymbelydredd.

Ond gwedir hyn gan y drefn Brydeinig. Ac eto, dyma oedd prif boendod fy magwraeth i ac yn wir roedd yn ormes. Yn

Llundain, er ein bod yn Gymraeg, roedd y Saeson eisiau gwadu ein bod yn un o leiafrifoedd y ddinas. Dyna'r Saesnes wen yn Kilburn a hysbysodd hogyn Cymraeg dwy ar bymtheg mewn cyfarfod o ymgyrchwyr gwrth-hiliol nad oedd yn perthyn i leiafrif ethnig am ei fod yn wyn. Roedd Prydeindod a Saesneg a gwynder wedi ein gwneud yn anweledig. Diwedd y daith oedd i mi adael fy ngwlad fy hun.

Nid oedd gennym unrhyw hawliau – dim hawl i addysg Gymraeg, dim hawl i deledu Cymraeg, dim cefnogaeth ariannol, dim cydnabyddiaeth ein bod yn siarad iaith wahanol. Fe'm rhwystrwyd rhag gwneud TGAU Cymraeg hyd yn oed. Er mwyn cael mynediad i brifysgol, roedd rhaid dweud celwydd fy mod am astudio hanes, a gamblo y cawn gennad i ddilyn gradd mewn Cymraeg wedyn. Cael fy rhoi ymysg myfyrwyr ail iaith yn y coleg, a chwyno yn y wers gyntaf eu bod yn analluog i siarad.

Cymraeg carbwl oedd gen i wrth reswm, ac ni fedrwn ysgrifennu'n iawn (roedd anllythrennedd yn gyffredin ymysg yr ail genhedlaeth yn Llundain) ond Cymraeg ydi fy mamiaith. 'Awyren' oedd fy ngair cyntaf. Pa air fedr fod yn fwy addas i Gymro yn cael ei fagu dan *flightpath* Heathrow? Ond pan oeddwn yn blentyn bach, mi gafodd Mam ei gorchymyn gan y gwasanaeth iechyd i beidio siarad Cymraeg â mi. Y ffordd i hwyluso datblygiad hogyn a oedd fymryn ar ei hôl hi'n ieithyddol oedd troi at y Saesneg. Dygwyd Cymraeg cadarn Trefor oddi arna i. Gorfodwyd teulu arall yn Llundain i newid iaith. O ganlyniad, Saesneg ydi unig iaith fy nwy chwaer iau.

Mae gan dy dad hunaniaeth wahanol i bawb a fagwyd yng Nghymru. Cymro nid *Welshman*. Mab mewnfudwyr. *Person of Language*. Ailddysgodd ei famiaith ar yr aelwyd yn ddeuddeg oed. Mae'r diawledigrwydd yn ei waed o hyd.

> A phan aeth ef o Alecsandria rhoes fynegiant i'r ymwybod o rwygiad sy'n etifeddiaeth barhaus i bob un ohonom a fagwyd mewn dinas estron:

Arall yw fy ngwaed ac ni chlywn dy golli,
Ond yn unigedd y llong
Dwysach nag arfer y dychwelai'r dychymyg
Trist mai tydi, O estrones,
Yw fy ninas enedigol i.

Geiriau Saunders Lewis, yr hogyn Cymraeg o Lerpwl, yn dyfynnu Groegwr a fagwyd yn Alecsandria ydi'r geiriau hynny, a dyna hefyd fyddai fy ngeiriau i.

Ansicrwydd mawr ar fy rhan i ydi hyn, mae'n siŵr. Dwi wedi datgelu cyfrinach. Ond cyfrinachau ydi un o ganlyniadau gwladychiaeth a threfedigaethedd; hynny ac ansadrwydd.

Dach chi'n ymdeimlo â'r ffinioldeb sy'n ganlyniad gwladychiaeth yn y Fflint: Capel Cymraeg Caersalem yn eich croesawu ar gongl system unffordd ganol y dref; yr enw macaronig 'Fflint Town United' ar y brif eisteddle. Ond hefyd, cerrynt o'r cyfeiriad arall: y castell, sylw dilornus cefnogwyr Port mai 'plastic Scousers' sydd ar y cae, a'r *clubhouse* yn llawn sgrins, bob un yn darlledu gemau o bencampwriaeth cynghrair Lloegr. Ac eto, dyma'r *clubhouse* y dewisodd Cymdeithas yr Iaith fel lle addas i gynnal gìgs Cymraeg pan ymwelodd Eisteddfod yr Urdd â'r Fflint yn 2016. Dim ond Wltras Port sy'n siarad Cymraeg ar Gae y Castell heddiw, serch hynny.

Fel yn y rhan fwyaf o gaeau'r gogledd, mae'n hawdd dod i mewn yn ystod yr ail hanner yn rhad ac am ddim, ac yn wir mae'r giât yn y mur concrid y tu ôl i'r gôl heb ei chloi er mwyn hwyluso gwaith y stiwards sy'n nôl y peli sy'n cael eu bwtio gan Chaplin neu Cai ymhell dros y trawst, a'r mur yn sgil hynny.

Heb ei gyflwyno ei hun, mae *rastafarian* yn dod drwy'r giât fel tasa fo'n camu ar lwyfan theatr, ac yn nesáu atom cyn pwyso ar y fflag, a 'dan ni'n cael un o'r sgyrsiau stacato hynny sy'n digwydd pan mae rhywbeth pwysicach ar y gweill ac sy'n datgelu sut 'dan ni'n gweld eraill, a sut maen nhw'n ein gweld ni:

'Is this a proper match?'

'It's the Welsh second division.'

Mae fy sylw yn ôl ar y gêm.

'Was that a cross?'

'That was Siôn Bradley, the best winger in Gwynedd.'

Mae fel pe bai'r byd hwn yn gwbl estron iddo, ond mae Osmond yn chwarae criced i Benarlâg, y pentref tlws ger Caer a oedd yn gartref i William Gladstone, y Prif Weinidog Rhyddfrydol. Mae'n cael hwyl, meddai fo, ar deithio ar hyd y gogledd ac i'r pentrefi yn y gorllewin lle bydd y torfeydd gymaint yn fwy gan fod llai o adloniant ar gyfer y lliaws yno. Mae'n enwi Dolgellau fel ei hoff dref ar y teithiau hyn. Sefydlwyd Clwb Criced Dolgellau yn 1826, a'r clwb ydi ail glwb hyna Cymru, a'r hyna yn y gogledd. Tydi lle criced yn niwylliant Cymraeg y gogledd ddim wedi derbyn fawr ddim sylw, ac eto mae'n ganolog – cychwynnwyd clwb pêl-droed yn y Port, fel llawer i glwb ffwtbol arall, gan griw o gricedwyr yn chwilio am rywbeth i'w wneud yn ystod misoedd llwm y gaeaf. Dydw i ddim yn crybwyll fy holl ymwneud â Chlwb Criced Dolgellau wrtho er hynny, oherwydd yr unig dro i mi ymweld â'r Marian Mawr oedd ar ôl *all-dayer* yn y Sesiwn Fawr pan wnes i a chyfeilles dreulio'r noson ar y llain yn mwynhau pleserau ieuenctid.

Mae'r sgwrs hon am griced a pherthyn yn rhwym o ymwneud rywsut, os yn ddigrybwyll hefyd, â hil a threfedigaethedd a Chymraeg. Dyna le criced yn niwylliant du'r Caribî a Lloegr a Chymru, a'm greddf innau mai clwb pêl-droed y Port sy'n cyfateb i hyn yn ein diwylliant Portaidd gwrth-drefedigaethol ni, mai'r coch a du ydi tarian a symbol cymdeithas Gymraeg Porthmadog.

Os profais hiliaeth yn Llundain, mae yna hiliaeth yng Nghymru hefyd. Yng Nghaffi Borth oeddwn i, yn cael panad ryw ddiwrnod, pan ddeudodd pladras ar y bwrdd nesa ata i, wrth Gymro nad oedd prin yn ei adnabod, 'What is it about Welsh people that when they speak Welsh it's so aggressive and unpleasant, but when they speak English, it's so nice?' Enghraifft blaen o hiliaeth sy'n syml yn ei huniongyrchedd ydi honno. Mae'n bodoli ymysg y boblogaeth ddŵad sydd wedi setlo yn ein mysg, ac eto, rywsut, nid yw'n datgelu cymaint â ffurfiau eraill, fwy brith, ar ragfarn.

Rai blynyddoedd yn ôl, mi drafodais yn helaeth efo ffrindiau y gallwn siarad Cymraeg yn unig am flwyddyn gron. Byddai ymatebion y di-Gymraeg i hyn, ac yn bwysicach efallai fy nheimladau innau o gywilydd ac embaras, yn sail i lyfr a fyddai'n arddangos, mewn ffordd ddofn, natur israddol y gymdeithas Gymraeg. Ond cyhoeddodd Rob Hughes o Ferthyr Tudful y byddai'n cynnal yr un arbrawf yn union ac addawodd gadw blog am ei brofiadau. Wn i ddim beth oedd hanes yr arbrawf, ond dim ond am bump wythnos y cedwid y blog. Wrth gwrs doedd gen i ddim dewis ond gollwng y syniad a chollwyd y llyfr.

Serch hynny, am fis neu ddau, mi lwyddais i fyw bywyd yng Ngwynedd yn ddi-Saesneg, ac amlygwyd llawer. Y syndod mwyaf oedd nad oedd pobol fel petaent yn rhyfeddu fy mod yn ateb Saesneg yn Gymraeg, ac wedi imi fwrw heibio'r cywilydd cychwynnol, roedd yn brofiad pwrpasol iawn. Roedd hi'n anodd cael hyd i neb yn Llŷn ac Eifionydd nad oedd ganddynt ryw grap o leiaf ar Gymraeg elfennol. Llyffethair seicolegol ydi dwyieithrwydd yn y broydd Cymraeg, ac mi ellid efo ewyllys gymhathu'r boblogaeth Saesneg.

Siawns nad y peth a styrbiodd fwyaf arna i serch hynny oedd agwedd y Cymry at bobol dduon ac Asiaidd. Roedd y Cymry'n barod i gychwyn sgwrs Gymraeg efo pobol groenwyn nad oeddynt yn eu hadnabod. Ond pe bai hogan groenddu ddiarth ar y til yn Tesco, Saesneg oedd hi'n hi bob tro. Pan fynnwn i siarad Cymraeg mewn bwytai Indiaidd, roedd anesmwythyd y Cymry ar y byrddau nesa'n boenus o amlwg. Roeddynt yn gwingo'n gorfforol. Roedd hilgi wedi glanio yn eu plith, ac eto pan oeddwn yn gwneud yr un peth yng ngŵydd gweinydd gwyn o Loegr, prin y byddai neb yn sylwi.

Be sy fwya hiliol – siarad Cymraeg efo dieithryn croenddu mewn bro Gymraeg, ynteu ei gyfarch mewn Saesneg? Y cyfarch Saesneg wrth reswm, a dyn a ŵyr sut brofiad ydi bod yn Gymro neu Gymraes groenddu, a chael pawb yn dod atoch chi yn Llangefni neu'r Bala yn brygawthan Saesneg.

White privilege, hogia. Ystyrir y Gymraeg o hyd yn 'iaith wen', hyd yn oed yn y broydd hynny lle mae 'pawb' yn siarad Cymraeg. Ffrwyth gwladychiaeth ydi hyn; y syniad fod y Saesneg yn iaith mae disgwyl i bawb ei medru, ac nad yw'r Gymraeg yn perthyn ond i'r brodorion. Canlyniad hyn yw hiliaeth ddiarwybod y Cymry. Ond hiliaeth sy'n ffrwyth hiliaeth y wladwriaeth Brydeinig ydi hi, hiliaeth y gorfodi tawel ar gymdeithas Gymraeg i siarad iaith estron a'r disgwyliadau cymdeithasol a ddaw yn ei sgil.

Craidd yr arbrawf Cymraeg-yn-unig oedd hyn: yr unig ffordd o fod yn uniaith Gymraeg oedd wrth drigo ar wahân i'r gymdeithas Gymraeg, neu drigo ar ei chyrion. Roedd yn gymharol hawdd byw bywyd uniaith yn y dyddiau hynny pan nad oeddwn yn nabod fawr neb yn Port. Mater oedd hi o fynd i'r llefydd iawn, neu fater o amynedd a dyfalbarhad. Ond pan ddeuthum yn rhan o'r gymdeithas, roedd y bywyd Cymraeg mor hybrid fel nad oedd modd ymwrthod â'r Saesneg. O wneud hynny, fyddech chi ddim yn pechu yn erbyn y Sais: gwyddai hwnnw nad oeddech yn eich iawn bwyll. Ond mater arall fyddai hi efo ffrind y Sais a welai'r ymddygiad fel sarhad arno fo ei hun.

Felly, roedd mynd i'r Traeth, efo'i chymdeithas Gymraeg gyfoethog, yn gaffaeliad mawr i mi fel dyn dŵad, efo'r ieithoedd go iawn a geir yno: iaith y brenin yn Wigan, iaith Wil Sam, Cymraeg Traws a Stiniog, a Porteg, sy'n fwy sathredig ond yr un mor Gymreigaidd â'i chwiorydd gwledig.

31

Cariad yn dragywydd

Cwpan Cynghrair y gogledd, rownd yr wyth olaf, Ebrill 18 Port 0:2 Caergybi

PAN OEDDA CHDI tua'r saith oed, roeddet ti'n cael trafferth i ddeall fod rhaid colli weithiau, er enghraifft wrth chwarae *crazy golf* yn y Parc. Mae'n anodd i blentyn ifanc amgyffred fod gêm ar ben, ac nad oes dim modd ei chwarae eto: metaffor ydi hyn am derfynoldeb bywyd ei hun, ac yn y pen draw am angau.

Un peth da a ddeilliodd o fynd efo chdi i'r Traeth oedd mynd drwy'r cyfnod anodd yma mewn bywyd plentyn yn sydyn. Mae'n amhosib dilyn Port a pheidio dod i'r arfer o weld eich tîm yn colli. Mae'r colli'n dod mewn hyrddiau hefyd. Bydd Port yn ennill pedair neu bump gêm o'r bron ac o ganlyniad mi fydd pawb yn ymboeni ynglŷn â'r leisans, ond wedyn mae'r bedair neu bump gêm nesaf yn mynd i'r gwellt ac mae sibrydion yn cychwyn am ddyfodol Paps. Mae dilyn Port yn ffordd dda iawn o ddysgu sut i ymdopi efo treialon bywyd.

Heno, mae'n noson gynnes o wanwyn ar y Traeth. Mae Port yn seithfed yn y lîg, ac efo'r ewyllys orau yn y byd mae'n anodd gweld sut medrwn ni orffen yn uwch na chweched. Gemau diystyr fydd gemau cynghrair gweddill y tymor. Tymor o danberfformio fu'r tymor hwn a gan fod y garfan yn gryfach nag erioed, yn naturiol ddigon, mae llawer yn beio'r methiant ar y rheolwr a'r Bwrdd. Tydi pethau ddim mymryn yn haws gan fod y Cofis wedi ennill dyrchafiad i'r Welsh Prem dros y Sul.

Dim ond cwpan y gynghrair sy gynnon ni ar ôl. Dyma'r gystadleuaeth lle curwyd y Cofis yn ôl ym mis Hydref, ond bu'r tywydd mor sâl ers hynny dim ond rŵan, chwe mis yn ddiweddarach, mae modd chwarae rownd yr wyth ola. Ar lawer gwedd, dyma gêm bwysica'r tymor. Mae disgwyl i Port guro Caergybi heno, ac os felly herio'r Fflint adra ar y Traeth ddydd Sadwrn nesa ac mae siawns go lew hefyd o guro Gresffordd yn y ffeinal, os daw i hynny. Ar bapur, mae pob un o'r timau hynny'n wannach na ni ac mae gobaith go iawn o ennill y gwpan. Dwi'n rhy nerfus cyn y gêm i fedru canolbwyntio. Dydi Port ddim wedi ennill yr un tlws ers codi dwy o gwpanau'r gogledd ac ennill dyrchafiad i'r Welsh Prem bymtheg mlynedd yn ôl pan oedd Osian Roberts yn hyfforddi.

Ond, o'r cychwyn, mae'n amlwg y gallai pethau fynd o chwith. Wrth ymyl y cwt sy'n cysgodi'r fainc adra mae'r Wltras yn mynd trwy'u pethau ryw ugain llath oddi wrth ddwsin o gefnogwyr Caergybi sydd wedi ymhél ar yr ochor draw. Mae pawb ar bigau drain ac mae Cymraeg iach Meirionnydd yn lledu i bob cyfeiriad:

'Pan ti'n cael *touch*, Cai, dos lawr. Maen *nhw*'n ffycin gneud. 'Dan ni'n rhy *nicey-nicey*.'

'Rhowch hi fan'cw. Cadw'r bastard bêl. *Go on, Jules, open those legs out*!'

'Mam bach. Paid â ffowlio.'

'Arglwydd mowr. Dowch, wir Dduw.'

Cyn troi sylw at hogia Caergybi:

'Arglwydd Grist, maen nhw 'di deffro. Wedi bod yn yfed yn pnawn maen nhw. Maen nhw fel ffrigin Cofis. *No work tomorrow. Working for the fucking Queen.*'

'Mae mwy ohonyn nhw na chdi,' meddai un o'r Wltras, yn cellwair.

'Ffwc o ots gen i. Ffycin petha dwl 'dyn nhw.'

Wrth golli adra o ddwy gôl i ddim yn erbyn tîm sydd wedi colli wyth gêm gynghrair yn olynol, mae tymor Port yn cyrraedd y gwaelodion. Mae criw Caergybi yn gwneud be wnaethon ni yng Nghei Connah, sef cymryd drosodd ein *clubhouse* a'i lenwi efo'u caneuon, eu fflagiau a'u hiaith: 'Hole-in-the-head!', 'Hole-in-the-head!', 'Hole-in-the-head!'

Yn ystod y gêm, roedd Paps yn gwylio'n ddieffaith ac yn rhegi bob hyn a hyn. Dwi'n licio Paps. Mae'n onast ac yn dod ymlaen efo'r cefnogwyr. Mae hefyd yn gwneud ei orau i siarad Cymraeg efo chdi er mai Saesneg ydi ei famiaith fel y rhan fwyaf yn y Bermo. 'Paps, Paps, ti'n licio bacon baps!' ydi un o'n caneuon ond 'dan ni ddim yn ei chanu rhag ei bechu. Mae rhywbeth annwyl yn yr agwedd tuag ato fo yn y gân yr un fath.

Dyn a ŵyr sut effaith fydd colli heno yn ei gael arno fo. Peth rhyfedd ydi bod yn rheolwr pêl-droed oherwydd waeth faint o baratoi sydd ymlaen llaw, does ganddo ddim rheolaeth dros yr hyn sy'n digwydd ar y cae ei hun. Wrth reswm, mae'r feirniadaeth o'r teras adra yn un lem, a ddim mymryn yn fwy teg nag annheg na'r negeseuon ar ddalennau ffêsbwc Port sy'n dweud am wleidydd lleol, 'Clown dir brookes ma'.

Ond darfodedigaeth amser yn hytrach na methiant fel y cyfryw dwi'n ymglywed ag o wrth feddwl am y tymor hwn. Fuo'r tymor ddim yn fethiant; buom yng nghwmni ein gilydd, ac yng nghwmni'r hogia. 'Grêt cael bod yn rhan o'r daith,' chwedl Dyl. Mae pawb 'di mwynhau. Wedi mwynhau'r teithio a'r cwmni. Ond dyma flwyddyn arall heb dlws i Port, ac mae pawb yn sobor o ymwybodol o dreigl amser.

Y gwir amdani ydi fod arna i ofn dy golli. Dwi ofn colli fy rhieni yn ogystal. Does gen i ddim cariad ond pe bai gen i, mi fyddwn i ofn colli honno hefyd. Ond dwi ofn dy golli di a dy chwaer yn fwy na dim. Mi fuost ti'n ffrind mor dda i mi ar y lôn efo Port. Fedra i ddim dychmygu'r Quarry End hebddot ti. Wn i ddim a fyddwn i'n mentro i'r Traeth hyd yn oed.

Dwi ofn dy golli wrth i ti fynd yn hŷn. Mi rown i'r byd yn grwn am un gwpan cyn i'r daith ddod i ben. I amser gael ei rewi efo'r gwpan yna. I ni fod yno yn ein crysau Port yn dal y gwpan, yn ei chusanu ac yn yfed ohoni. I ni drechu angau a salwch, a bod cariad yn dragywydd.

32

Cofio Ceredigion

Cynghrair y gogledd, Ebrill 25
Penrhyn-coch 2:0 Port

PORT YN COLLI yn erbyn tîm pentre, ac o'r braidd fod yr hogia'n gallu coelio'r peth. Mi ddylen ni fod ar Park Avenue yn chwarae yn erbyn Aberystwyth; dwy *city-state* yn wynebu ei gilydd; nid ar gae mewn perfeddwlad ddosbarth canol. Lle Penrhyn-coch ydi herio clybiau fel Bow Street, Bont a Thal-y-bont, nid cystadlu efo Port, Gnarfon a Rhyl. Anodd credu, ond y flwyddyn nesa mi fydd Dinas Bangor – a gurodd glwb mor enwog â Napoli, cyn-glwb Diego Maradona, ar Farrar Road – yn gorfod teithio i'r llannerch las hon sy'n llawn llyfrgellwyr. Ond peth felly ydi cynghrair y gogledd: ochr yn ochr â'r mawrion syrthedig, mae pentrefi fel Cegidfa, Gresffordd a Phenrhyn-coch yn mynnu sylw.

Jyst eu bod yn gwybod eu lle, yntê. Dangosai brodor enwoca Penrhyn-coch, Dafydd ap Gwilym, y parch angenrheidiol i Wynedd yn yr Oesoedd Canol ac yn ei gywydd 'Pererindod Merch' mae ganddo linellau o fawl i'r Traeth:

> Y Traeth Mawr, cludfawr air clod,
> Treia, gad fyned trwod.

Golygwyd y cywydd gan Cynfael Lake, ysgolhaig sy'n perthyn i dylwyth Lake sy'n byw ar Lôn Penamser sy'n arwain allan o Port i gyfeiriad Pwllheli. Dyna un o'r tai hynny lle byddem yn canu calennig bob Calan pan oedda chdi'n llai ond wnaethon ni ddim canu hon erioed, clod i'r Traeth gan fardd gorau Ewrop. Oedd, roedd angen caniatâd i orchfygu'r Traeth a'i wlyptiroedd a'i li, ond yna daeth y *bypass* a rŵan mi geith rhyw ffŵl wibio heibio, fel y sylwodd Guto Dafydd mewn cerdd am y Traeth fel ffin sy'n dynodi alltudiaeth.

Does neb wedi canu felly i Gae Baker, maes Penrhyn-coch, ond mae'n lle pwysig i Gymry lleol, a'r tro cyntaf i mi fod yn eu clwb oedd ar gyfer un o ddisgos Undeb Myfyrwyr Cymraeg Aberystwyth. Does gen i ddim cof o'r achlysur ond dwi'n cofio'r bws yn cyrraedd ac yn mynd oddi yno. Roedd hon yn un o nifer o deithiau a drefnai UMCA, a thripiau yfed i lefydd fel Penrhyn-coch, Llanarth a Thregaron oedd fy nghyflwyniad cyntaf i fywyd cefn gwlad Ceredigion.

Hyn a gìg Dolig Cymdeithas yr Iaith yn y Feathers, Aberaeron, sef pinacl blynyddol bywyd Cymraeg pobol ifanc y sir. Mae gen i rôl gameo fechan yn y nofel gwlt gan Owain Meredith am ddiwylliant ieuenctid Cymraeg a drowyd yn ffilm, *Diwrnod Hollol Mindblowing Heddiw* – finna'n paldaruo mewn tafarn am lenyddiaeth ganoloesol cyn mentro dros y ffordd i'r gìg. Mae'n debyg yn ei ffordd i'r portread ohona i fel cyw-sgolor gorwybodus yn *Dan Gadarn Goncrit*, nofel Mihangel Morgan am academia Aberystwyth yn nyddiau *Tu Chwith* ac ôl-foderniaeth, felly mae'n rhaid fod rhyw wirionedd yn y disgrifiad.

Ar y pryd, roeddwn yn meddwl bod Aber yn unigryw ac yn wir roedd yn ddeorfa cenedlaetholwyr, ac yn cyfuno ymlyniad at y Gymraeg efo dull metropolitan o fyw. Yn hynny o beth, roedd yn drawiadol o wahanol i bob man arall yng Nghymru. Byddem yn edrych i lawr ar stiwdants Bangor oedd yn treulio eu dyddiau'n yfed yn y Glôb, tra byddem ni yn Aber yn athronyddu mewn caffis, yn cyhoeddi cylchgronau ac yn peintio sloganau dros Gymdeithas yr Iaith. Ni oedd y dinasyddion cyfrifol megis yng *Ngwladwriaeth* Platon, yn cynnal gwareiddiad mewn dinas ger y lli, tra oedd yr anwariaid yn y gogledd yn da i ddim ond i ganu caneuon Bryn Fôn, sesha a shagio. Rwyf o hyd yn meddwl fod Aber wedi rhagori ar Fangor fel prifysgol syniadau yn y cyfnod yna, ac eto doedd Aber ddim mor unigryw â hynny: fersiwn Gymraeg oedd ei diwylliant o'r hyn a geir yn Seattle ac Auckland.

Peth cwbl wahanol oedd y profiad o fyw yn Aber wrth lunio Doethuriaeth a'r golwg gefais ar gefn gwlad Ceredigion ddeng mlynedd yn ddiweddarach. Does yna ddim tebygrwydd rhwng Aberystwyth a gweddill Ceredigion. Pan oeddwn yn fyfyriwr ôl-radd, mi ges i brofiadau hipïaidd yn ardal Tregaron efo teulu Rhiannon Evans, sydd bia'r cwmni gemwaith o'r un enw, sef partïon gwyllt ac yn y blaen, ac am gyfnod mi fues i'n canlyn efo merch oedd yn byw nid nepell o Aberaeron, felly ddeudwn i ddim fy mod yn gwbl anwybodus ynglŷn â natur y sir. Ond erbyn i mi ddychwelyd i Geredigion yn 2001 ar ôl cyfnod yn golygu *Barn* yn y de, roedd y cwbl bron o'm ffrindiau prifysgol, ac o dref Aberystwyth ei hun, wedi hen symud i Gaerdydd. Yn y cyfnod di-brifysgol o'm blaen, ni fyddai bywyd fel ceiliog coleg yn fy mharatoi ar gyfer y wythïen ddofn o geidwadaeth sy'n nodweddu cefn gwlad de-orllewin Cymru.

Nid termau cyfatebol am yr un darn o dir ydi Ceredigion a sir Aberteifi ond gwahanol ffyrdd o enwi, ac felly hawlio, priod ddiwylliant y sir. Os oeddwn yn gyffyrddus fy myd yn y Geredigion genedlaetholgar lle byddai'r Gymdeithas, Cymuned a'r Blaid i gyd yn cystadlu er mwyn clochdar mai nhw oedd cynrychiolwyr y gymuned, ni ddeallwn y sir Aberteifi Brydeinig o gwbl. Ac efo'r gwahaniaethau rhwng Greater Aberystwyth a chefn gwlad mor sylweddol, roedd fel pe bai ffin ddaearyddol yn rhannu Ceredigion a sir Aberteifi oddi wrth ei gilydd.

Ni werthfawrogwn ddim i'r de o linell ddychmygol a groesai'r sir gan gychwyn ym Mhonterwyd cyn ymestyn am Ledrod a Llangwyryfon nes cyrraedd Bae Ceredigion ger Llanrhystud. Rhyw wlad anghynnes o *line dancing*, byngalos, rygbi ac amaethwyr yn chwennych codi tai ar eu tir eu hunain oedd islaw'r llinell honno, ac yn y broydd Cymraeg hyn, a oedd bob tro yn ethol Cynghorydd Rhyddfrydol neu Annibynnol, doedd yna ddim cydymdeimlad â'm cenedlaetholdeb metaffisegol i. Ac heblaw am blant y ffermwyr roedd y rhan fwyaf o'r bobol ifanc fel tasan nhw'n siarad Saesneg.

Roedd Llandysul a rhai o'r pentrefi Cnapan-aidd yn y cyffiniau yn lled iach, ond fel arall, wrth i chi fynd am Gastellnewydd Emlyn ac Aberteifi, neu'r ffordd arall i Lanbed, neu dros y ffin i Bencader, roedd yr holl beth jyst yn ofnadwy. Roedd y lle'n llawn o fy rhagfarnau fy hun: *Tivyside*, Evans Bros, *smallholdings*. Deuthum i'r un casgliad â Caradoc Evans yn ei gyfrol enllibus *My People*: *Stories of the Peasantry of West Wales*. Doedd yna ddim byd mewn pentre fel Rhydlewis ond rhagrith a chulni wedi'u rowlio'n un. Yn wir, ysgrifennodd un wàg at y *Western Mail* er mwyn fy nghyhuddo o fod wedi ymateb i *My People* fel pe bai'n nofel realaidd.

Sut fedrwn i fod mor wrthnysig? Mae'n wir fod Prydeindod rhyddfrydol Ceredigion wedi cadw gwerthoedd bythynnod gwyngalchog Anghydffurfiaeth Gymraeg y bedwaredd ganrif ar bymtheg fel pryfyn mewn ambr. Ond roeddwn i fel y Sais dienaid ystrydebol hwnnw yr oedd fy nghenedlaetholdeb yn brotest honedig yn ei erbyn. Fi oedd y trefedigaethwr.

Yn ei waith athrylithgar ar feirdd gwlad a deallusion brodorol Eryri, mae'r cawr ysgolheigaidd, Bleddyn Owen Huws, yn eu trin fel llefarwyr grŵp cymdeithasol *subaltern*, chwedl Richard Glyn. Nid iaith yn unig a feddai poblach Gymraeg

Pen-y-groes, Dyffryn Ogwen, Stiniog a Port ond gwareiddiad hollgwmpasog; un a oedd yn wahanol i'r gwareiddiad Saesneg. Ym mlynyddoedd cynta'r ganrif hon, roedd gan gymuned amaethyddol sir Aberteifi wareiddiad Cymraeg yn yr ystyr hynny, ac un ffordd oedd ganddi o'i fynegi oedd trwy ymwrthod â rhyfyg dynion dŵad fel fi.

Fynnwn i ddim rhamantu sir Aberteifi. Roedd ochor filain i'w gwleidyddiaeth, megis pan daniwyd gwn slygs at ffenast ymgyrchydd yn erbyn Cynllun Datblygu Lleol Ceredigion ar stad yn Nhregaron. Ond roedd yna ddynoldeb hefyd. Aethom ni allan o Aberystwyth un noson a pheintio slogan ar fur ger Trawscoed, 'Dim Mwy o Dai'. Fe'i newidiwyd yn 'Dim Mwy o Dai Jones Llanilar'.

Does dim modd datrys argyfwng tai drwy godi mwy a mwy a mwy o dai fel y gwelwyd yng nghefn gwlad Ceredigion a glannau Môn, ac sydd wedi dioddef Seisnigo mawr, ac fel y gwelir maes o law yng Ngwynedd. Heddiw mae Cantre'r Gwaelod dan y môr wrth ochr Cantre'r Gwaelod Ucha, sef Ceredigion ei hun. Mae dros hanner poblogaeth y sir yn ddi-Gymraeg.

Caryl Lewis sy'n disgrifio'r gymdeithas a gefais i mor drafferthus orau, a hynny yn ei chlasur di-feth *Martha, Jac a Sianco*. Chwedl Lyn Lewis Dafis, gellid ailgreu cefn gwlad Ceredigion yn ei gyfanrwydd ar sail y nofel hon. Gwaith o athrylith yn ddiamau. Ond y peth sy'n treiddio drwy'r nofel yn y pen draw ydi cariad pobol at ei gilydd. Y cariad na fedrwn ei weld am nad oeddwn yn chwilio amdano.

33

Angau

Cynghrair y gogledd, Ebrill 28
Queens Park 0:6 Port

PEIDIWCH Â DEUD y gwir mewn cyfrol o atgofion, neu mi fyddwch chi'n difaru. Cybolfa o glwydda a chamarwain a chyfiawnhau ydi bob un llyfr sy'n tynnu sylw at y 'Fi' fawr, a hwn yn eu plith. Fedrwch chi ddim adnabod cymdogaeth chwaith. Mi fydd rhyw gilcyn o'r golwg bob tro, rhyw bant yr ochor draw i drum y lôn.

Felly, pan wnest ti ffonio o Lanrug i weiddi, 'Dad, mae secret sofa *Saturday Night Takeaway* ar y Traeth – dos!' roeddwn i yn y car yn syth. Mi ddeallwn yn iawn bwysigrwydd y rhaglen, fod wyth miliwn a hanner yn ei gwylio, ei bod yn bwysicach na dim y gallai S4C ei wneud byth, ac y byddai'r Traeth yn llawn pobol Port.

Mae'n rhyfedd sut y gall dyn fyw mewn cymdogaeth am flynyddoedd, heb fod ganddo unrhyw adnabyddiaeth ar y rhan fwyaf o'i phoblogaeth. Pan gyrhaeddais y Traeth, heblaw am Dilwyn a Carwyn a Nicola, do'n i ddim yn nabod neb.

Pan mae Socrates yn sôn am gysgodion yn cael eu taflu ar wal ogof, dyna'r unig olwg sydd gan garcharorion yn yr ogof ar bethau'r byd. Does dim arall yn weladwy iddyn nhw. Yr ogof ydi eu byd.

Hawdd dweud am y fisitors yn yr haf nad ydyn nhw'n gwybod dim byd. Maen nhw'n syllu ar ein plant yn siarad Cymraeg ar y ffordd i'r traeth fel tasan nhw'n dylwyth teg. Ond roeddwn i'n rhythu ar bobol yn ystod *Saturday Night Takeaway* fel cysgodion wedi eu taflu ar ogof fy mywyd fy hun.

Wrth gwrs, i'r rhan fwyaf yn Port, dwi'n hud a lledrith fy hunan. Ac mae pawb yn Port yn hud a lledrith i weddill y wlad; fel mae pob un sy'n byw yn y siroedd *drive-thru* rhwng afon Menai a Chaerdydd yn gymeriadau mewn chwedl.

Mae rhannau eraill o Gymru yr un mor ddiarth i ni. Port awê ola'r tymor a ninnau yn Wrecsam, ac roedd y llyfr nodiadau gen i. Aethon ni allan i glybio, do, fi a chdi, i Saith Seren y noson gynt a gweld Cleif Harpwood yn canu. Ac yna, Wrecsam adra ar y Cae Ras amser cinio a draw wedyn i Stansty Park, maes benthyg CPD Queens Park.

Clwb unigryw ydi Queens Park sydd ddim yn cynrychioli tre na phentre, ond yn hytrach stad o dai. Serch fod ei phoblogaeth o ddeuddeg mil yn golygu mai hi ydi'r stad fwya o dai yng Nghymru, mae hynny'n gamp. Mae enw'r stad yn codi ofn ar rai. O ganlyniad i hyn newidiwyd yr enw hwnnw o Queen's Park i Caia Park, ond arhosodd yr hen enw ar y clwb pêl-droed. Pan gollodd Queens Park yn Penrhyn yng Nghwpan Cymru rai blynyddoedd yn ôl roedd trafferthion wedyn yn Port, ac yn y gêm ar y Traeth ddiwedd Hydref trefnwyd diogelwch am y tro cynta ers blynyddoedd maith. Ond mae'r clwb yn gwneud gwaith rhagorol yn y gymuned, ac mae'r Dunks – 'Fortress Dunks', y cae ffwtbol ynghanol y stad – yr un mor eiconaidd i hogia'r stad â'r Traeth i ni. Ond does dim 'cyfleusterau' digonol yno ar gyfer ail adran Cymru. Alltudiwyd Queens Park i Stansty Park ar gwr Wrecsam yn gosb am ymroddiad i fro.

Wrth gwrs, roedd y prynhawn yn ddiléit. Safai hogia Caia Park mewn grwpiau bychain ar ochor y cae yn smocio ac yn yfed, ac ymlaciai'r Wltras fel tasan ni mewn picnic. Sgoriodd Port chwech. Mae hynny bob tro yn codi ysbryd yr hogia.

Mae'n wir fod chwaraewyr Queens Park wedi cael llond bol, ac o'r tu ôl i'r gôl gallem glywed pob gair. Ond o leia fod yr iaith yn lân yn ei ffordd Wrecsamaidd ei hun, a ph'run bynnag dylai pawb sy'n mynd i ysgol uwchradd ddysgu rhegi.

'Fuck's sake. I'm sick of this shit. Don't get sucked in!'

'I'm not, man.'

'Fuck off!'

Diwrnod ardderchog. Chwaraeon ni 'Blaenau a Port', 'Y Bêl yn Rowlio' a 'Sebona Fi' yr holl ffordd yn ôl i Port.

Chwech diwrnod wedi'r gêm, bu farw rheolwr Queens Park, Martin Ford, yn ddirybudd. Yn frodor o Caia Park, fo sefydlodd y clwb efo 'Coco'. Yn arwr pêl-droed lleol, roedd hefyd yn un o arwyr y stad. Y diwrnod hwnnw yn Stansty Park, roedd o wedi bod ar y cae o fewn ychydig lathenni i ni.

Y profiad na fedrwn ei adnabod ydi angau. Ni welwn ei gysgod ar wal yr ogof hyd yn oed. Gan nad oes ymwybod yn y bedd, nid yw'n bod. Hyd yn oed yn blentyn, roeddwn yn ei ofni. Dwi'n cofio eistedd yn yr ardd yn Llundain yn saith neu wyth mlwydd oed yn meddwl nad oedd rhaid ofni am fod y daith yn un faith, ond mae'n fyrrach erbyn hyn, wrth gwrs.

Mae gan bob un ohonom bob math o ystrywiau er mwyn ceisio ei osgoi.

Ymgais yw'r genedl a'r obsesiwn ag iaith i oresgyn marwolaeth drwy drosgynnu'r hunan. Byddwn ni'n marw, ond mi wneith yr iaith fyw. Ys gwn i ai oherwydd ofn marwolaeth y tyfais yn Gymro? Ond nid yw hynny'n cynnig dim cysur. Mae diflaniad y gwareiddiad Cymraeg yn sicr, er y bydd yr iaith ei hun yn goroesi mewn memrwn electronig – efo siaradwyr, neu hebddynt.

O ran cenedlaetholdeb, mewn difri calon, mi eith hwnnw yr un ffordd â'n diwinyddiaeth.

Gallai ysgrifennu llyfrau hefyd fod yn ffordd o geisio curo marwolaeth. Mi gaiff enw mewn print ei gofio! Ond pe gwyddech fel minnau faint erbyn hyn sy'n darllen nofelau Gwilym Hiraethog, synfyfyrion S. R. a *Cofiant y Parchedig John Jones, Talysarn* fyddech chi ddim yn rhoi eich ffydd mewn llyfrau.

Rwy'n ofni marwolaeth o hyd. Ond daeth rhyddid drwy i mi sylwi na fyddwn drwy enwogrwydd yn medru goresgyn fy nifodiant fy hun. Ni fyddwn yn arwr nac yn wleidydd. Ni fyddwn yn fardd arobryn nac yn athronydd o bwys. Ni fyddwn yn chwarae ffwtbol i Gymru. Ni fyddwn yn chwarae ffwtbol i'r Port.

Ym methiant fy mywyd fy hun, fe'm rhyddhawyd rhag y prysurdeb sy'n ymgais seithug i osgoi marwolaeth. Y diffyg sylw i yrfa. Mae hynny'n braf. Y cyfnodau hir o fod yn ddi-waith. Brafiach eto fyth trwy fod gen i amser ar dy gyfer di a Rebeca. Byw'n Port. Mae'n haws byw ar ôl cael eich anghofio.

Ni fydd i mi anfarwoldeb. Mi fydda i'n marw.

Dim ond os derbyniwn farwolaeth y gallwn fyw. Ers symud i Port dwi wedi bod yn canolbwyntio ar yr hanfodion. Ar blant a chariad a theulu. Dwi'n gwneud y pethau bychain. Dwi'n mynd awê efo Port.

34

Ar Stryd Fawr y Port

Cynghrair y gogledd, Mai 7

Port 1:1 Y Fflint

SAIF Y PORT yng nghanol y Traeth fel y ddinas aur ei hun. Ac mae'i golau a'i goleuni yn llenwi'r wlad.

Weithiau, mi ddof i mewn iddi o gyfeiriad y Garth oherwydd o'r bryncyn yno gawn ni weld y Port i gyd. Fi a chdi a Rebeca yn sbio i lawr ar ddŵr a thraeth a mynydd a stryd. Ac o, am stryd! Stryd Fawr y Port!

Rheilffordd y naill ben iddi, a rheilffordd y pen arall. Tafarn ar blatfform y naill ben iddi, a thafarn ar blatfform y pen arall. A rhwng y cledrau mae siopau a busnesau'n un stribed hir: lle beics a golchdy ac argraffdy a dyn gwneud lluniau a dyn tynnu lluniau a llefydd eis-crîm a physgod a chig ac, ar y pen eitha,

Recordiau'r Cob. Mae eu talcenni'n lliw annisgwyl yn erbyn y llwydni sydd mor nodweddiadol o dirlun Eryri.

Mae'r stryd wedi newid dros y blynyddoedd. Mae'r *town hall* a'r tŵr cloc oedd yn fawd arno wedi mynd: Woolworths ddaeth yn ei le erbyn fy nyddiau i, ond diflannodd y siop honno efo llanw a thrai cyfalafiaeth. Costa ydi'r Ship and Castle. Ac i ba ddiben y dymchwelwyd y Coliseum – gweithred o fandaliaeth os bu un erioed – os mai'r bwriad oedd ffeirio wyneb *art nouveau* na fyddai o'i le yn Berlin neu Fienna am ardd goffa o gerrig? Ai cofeb ôl-fodernaidd oedd y bwriad, efallai?

Ond ym mhob tre mae eiconau newydd. Yn y Big Rock mae Graham yn pobi. Yn pobi bara gwyn a bara brown a bara *spelt* a bara deinosor a *guando* a Homity Pie a Gomez Jones Mississippi Fudge Cake a Bara Gwyn Jones, ei fara bara lawr enwog. Mae Graham yn pobi efo *Llyfr Mawr y Plant* dan ei gesail; yn pobi efo Siôn Blewyn Coch, Martha Plu Chwithig a Wil Cwac Cwac.

Beth pe bai Graham yn pobi pobol y Port? Eu coesau a'u breichiau wedi cyffio, fel bydd fy nghoesau i yn y bore, wedi'u dal yn ystum mowld y pobwr. A be tasan nhw'n denig i Stryd Fawr y Port? Be ddeuai o'r rhain, y dynion a'r merched bach sinsir?

Dyma ni yn y Ganolfan top stryd yn gwrando'n astud ar Robert, y rheolwr, yn trafod perfformiad Cai Borth yn ara braf wrth i ni bwyso ar y wal yn gwneud fawr ddim. Pe bai dyn sinsir yn gwibio heibio, fydden ni ddim yn sylwi.

Dafydd yn ei siop ynghanol ei fala. Rwyt ti'n cyfri'r ceiniogau'n uchel ac yn gweld fod y gost yn bunt namyn pum ceiniog. Mae Dafydd yn gwerthu i chdi am bunt namyn ugain.

Harun, rheolwr Sima Tandoori, noddwr *fixture card* Port. Ei enw ar lafar gwlad ydi Harry – mae'n symlach fel 'na, meddai fo. Daeth i Lundain o Fangladesh pan oedd o'n ddeg, ond mae'n well ganddo Port na'r ddinas. Mae Port yn ei atgoffa o adra.

Dafydd Êl ar Stryd Fawr y Port, yn ei *tweeds* a'i gap ffarmwr, mor sicr ei gamre ag y bu Lloyd George erioed. Mae'n camu o'i swyddfa yn dalog ei gerddediad, yn union fel dyn bach sinsir.

Linda a Glenda a Carys. Arian byw yn y dref hon. Trefnwyr petha Cymraeg. Carys sy'n dysgu plant o Wlad Pwyl a Latfia yng Nghanolfan Iaith Uwchradd Gwynedd yn Ysgol Eifionydd sut i siarad Cymraeg. Tair sy ar y 'ffrynt-lein' yma.

Jason, fy ngwrthwynebydd ar y Cyngor Tref. Cariad at Port sy'n ei gymell. Yn y Ganolfan ac yn Queens mae hogia Cymraeg yn downsio i gerddoriaeth Martin Luther King, Motown a Northern Soul, ac mae Jason yno.

A draw yng Nghaffi Portmeirion mae Jan, sy'n enwog am iddi droedio i lethrau Chomolungma. A Twm, ei mab, sy'n byw yn Llanystumdwy ac yn olygydd ac yn fardd, ac yn canu yn ei amser sbâr. A Treflyn, angor y caffi, seren y chwedegau. Mae cerddoriaeth *C'mon Midffîld* yn canu grwndi ar ei ffôn. Ac wrth ei ymyl, lle roedd Bryn, mae dyn bach sinsir.

A'r rhai sydd wedi mynd. Dyna Bryn yn fôr-leidr, ac os dyna ydyw, dyma'r môr-leidr anwylaf erioed. Mae tatŵ Eryr Wen ar ei fraich sy'n datgan yn onest am ei gefnogaeth i feibion y broydd hyn, ac mae'n chwarae i'r Moniars. Bob wsnos mae'n rhoi puntan i chdi. Mae Eryl yno hefyd, sy'n bencampwr steddfodau bychain.

A finna yn y gongl yn stryffaglian, yn bustachu mynd. Dwi'n llenwi bwrdd sgwâr marmor efo geriach a phapurau di-drefn, ac yn yfed coffi yn gynnil.

A'r dynion bach sinsir ar ochor y Traeth: ''Dan ni 'di deud o'r dechra. 'Dan ni ddim yn ddigon da!'

Y dynion bach sinsir ar Stryd Fawr y Port! Ni ydi'r rheini, yn mynd o gwmpas ein pethau bob dydd, yn clochdar ac yn edliw, yn ffraeo ac yn caru, yn cerddad yn stiff. Yn stiff ym mowld y pobwr.

35

Gadael Port

Cynghrair y gogledd, Mai 12
Port 1:1 Treffynnon
Safle terfynol: 7fed

Dwi'n canu'n iach i dre Porthmadog,
Mynd i ffwrdd i weld y byd,
Gadael Mam a hogia'r llan a Mair o ben draw stryd.

Ffarwél i'r Cob a'r Cnicht a'r Wyddfa,
Boston Lodge a Moelwyn Mawr,
Gadael tir ar fore clir i hwylio'r moroedd mawr.

(Alun 'Sbardun' Huws)

RHYW NOSON DDIGON od oedd hi. Roedd yr awyr yn rhuddgoch dros Dalsarnau a'r Rhinogydd, y dŵr ar Lyn Bach yn gwbl lonydd, ac o'r bont gallech weld adlewyrchiad y mynyddoedd ynddo a hwythau'n sbecian dros Gob Crwn ben i waered yn llwyd ac yn dawel. Nos Wener cyn y gêm, a dyma Phil yn digwydd dod allan o'r Ganolfan wrth i mi fynd heibio ar fy ffordd i Spooner's, tafarn y trên bach. Yntau wedi bod yn cynorthwyo yn y bingo a drefnir gan y clwb, sy'n ganolbwynt cymdeithasol i'r to hŷn, a 'dan ni'n trafod Harvey, yr hogyn o Nanmor sydd wedi cadw gôl i Port ers 14 tymor, ac sy'n chwarae ei gêm ola fory.

Ac mae'n ddiwedd cyfnod i minnau hefyd. Nos Fawrth, mi ddaeth fy nhymor fel Cadeirydd y Cyngor Tref i ben. Ddoe, mi dderbyniwyd fy nghynnig ar gyfer byngalo bach yn Llanrug dwi am ei brynu er mwyn bod yn nes atat ti a dy chwaer. Mae pobol ifanc eisiau bod efo'u mêts dros y Sul yn ogystal ag efo tad sy'n byw yr ochor draw i'r Wyddfa. Ac efo fy nghyfnod fel Cadeirydd wedi dod i ben, mi fydda i'n treulio mwy o amser yn y brifysgol yn Abertawe, yn codi'r Gymru newydd.

Yn y man, mi fydda i wedi ymddiswyddo fel cynghorydd hefyd, ond yn gynta dwi am gael sgwrs efo Alwyn i drafod nodyn gan Gomisiynydd y Gymraeg a fyddai'n disodli ein polisi Cymraeg efo cynllun dwyieithog. Fis diwetha, mi gydsyniodd Pwllheli â'r newid ac mae hynny'n golygu mai dim ond tri chyngor tref uniaith Gymraeg – Nefyn, Penrhyn a ni – sydd ar ôl yn y byd. Un yn llai nag ar ddechrau'r tymor. A dyna fath arall o ddiwedd, ond hyd yn oed yma yn y gaer sy'n gwarchod y penrhyn Cymraeg, mae'n amlwg i bawb fod y newid iaith i'r Saesneg yn rhyferthwy. Mae fel tasa'r Cob ei hun wedi'i fylchu. Fydd yna ddim yn tystio i wareiddiad Cymraeg y Port ymhen canrif ond llyfrau.

Dwi am adael y Port. Mae'n rhaid i bawb adael y Port yn eu tro.

Mi ddo i'n ôl bob hyn a hyn, fel sgwner i harbwr. Mi gadwa i fy stafell yng ngwaelod tŷ mam a dad wrth y môr. Mi fydda i yn y Port bob wsnos neu bob mis, am ryw hyd. Dwi'n siŵr o hynny. Ond fydda i ddim yn rhodio ei strydoedd bob dydd, ddim yn ei chaffis bob pnawn, ddim yn yr Aussie gyda'r hwyr.

Dwi'n medru Porteg yn o lew erbyn hyn, ond am faint barith honno yn nŵr halan Abertawe? Mi fydd fy rhwymau efo'r Port yn llacio fel rhaffau ar gwch sydd am adael cei. A phan mae'r cwch allan ar y môr, fydd yna ddim i ddweud fy mod i wedi bod yn y Port erioed.

Pedwar mast sydd ar y sgwner,
Elen yw ei henw hi.
Ar ei bwrdd dwi'n mynd i ffwrdd dros donnau gwyllt y lli.

Mi wna i adael y Port. Mi wna i adael cariadon, ac mi wneith cariadon fy ngadael i. Mi wna i adael y Traeth hyd yn oed. Ond ni fyddaf byth yn dy adael di na dy chwaer tan y gadael terfynol.

Ac mi rwyt tithau hefyd yn ymwybodol o dreigl amser.

'Hon ydi gêm ola'r tymor. Gêm ola Harvey. Gêm ola'r fflag. Mae'n gêm ola lot iawn o bethau.'

Bydd, mi fydd angen fflag newydd arnon ni. Mae hon wedi treulio'n ofnadwy ers i mi ei phrynu'n anrheg benblwydd i chdi ddwy flynedd yn ôl.

A hon fydd gêm ola Cai a Brads. Maen nhw'n gadael Port. Mae pawb yn gwybod eu bod nhw am seinio i'r Cofis er mwyn chwarae yn y Welsh Prem. Ond dwi ddim yn deutha chdi. Mi fyddet ti'n torri dy galon.

Ac mae'n ddiwedd cyfnod i chdi. Mi fyddi di'n gadael yr ysgol fach yr haf yma ac yn troi am yr ysgol fawr ac yn cychwyn ar y daith hir o dyfu'n ddyn. Ac mi fyddi dithau yn dy dro yn gadael y Port.

Y mae tymor i bob peth, ac amser i bob gorchwyl dan y nef: amser i eni, ac amser i farw, amser i blannu, ac amser i ddiwreiddio'r hyn a blannwyd.

Ond heddiw, 'dan ni adra. Adra yn Port. Adra ar y Traeth. Adra. Ac yn wir mae'n ddiwrnod arbennig, yn wahanol ond yn debyg i bob diwrnod arall yr un fath. Mae'n bwrw haul ar Port, ac yna heulwen lachar a'r Traeth fel cae biliards. Mi eisteddaist tu ôl i'r gôl efo dy daid, a gallwn weld fod yr hogia'n un rhes hir ar hyd ochor y *clubhouse* o'r cae ac yn llenwi'r stand canol. Tri chant ar y Traeth, a'r hen gecru o'r mis neu ddau diwetha wedi'i anghofio.

Pan groeswyd y bêl o'r gongl o flaen y *clubhouse*, stemiodd Cai i mewn a'i fflicio hi i'r rhwyd o flaen teras adra Port. Mi ddaru ni ddrymio'r gôl allan wedyn. Ac mi ddaeth Dave aton ni fel bydd o ym mhob gêm i ddweud ei fod o wedi methu'r gôl: 'Mi fethes i'r gôl. Mi es i efo'r can i'r bìn. Typical, blydi typical.'

Ar ddiwedd y gêm, roedden ni'n dau yn y Quarry End yn pwyso ar y wal slabiau concrid. Yna mi aethon ni ar y Traeth a'i groesi. Mi dynnais i lun o'r hogia, ac mi dynnwyd llun ohonon ni'n dau efo Cai. Wedyn, dyma ni'n disgwyl ein tro i longyfarch Harvey ar y llawr caled o flaen y prif stand. Pan ddaeth Harvey, mi groesodd o ata chdi, roedd o'n amlwg o dan deimlad, a dyma fo'n tynnu ei fenyg – y menyg sydd wedi cadw gôl i Port ers cyhyd – a'u trosglwyddo i chdi. I gadw i'r oesoedd a ddêl y glendid a fu. I'w cadw'n ddiogel tu ôl i'r gôl. Ac yna, dyma fo'n troi at ei wraig a'i ferch a'u hanwesu, a chyn dim roedd o wedi diflannu i mewn i'r stand.

Pan fyddi di'n ddyn, mi fydd gen ti wraig ac enw ac arfau, a dy blant dy hun, ac mae hyn yn iawn. Ond pan dwi'n hen ac efo poen yn fy nghoesau, mi fydda i'n cofio ein tymor. Mi fydd yn braf a'r drwm allan a'r hogia tu ôl i'r gôl. Awel gynnes yn dod o'r môr a'r band yn chwarae a phawb yn gweiddi mewn Cymraeg. Mi fydd Harvey yn y gôl, a Brads efo'r bêl ac yn rhedeg drwy bawb ac yn croesi o'r asgell. A bydd Cai yn dal y bêl ar ymyl y bocs ac yn troi fel dawnsiwr bale ac yn symud ei gorff ryw fymryn cyn saethu drwy'r amddiffynwyr ac ar draws y goli i gefn y rhwyd.

Mi fydd hi fel hyn dros byth. Ac yna mi fydd Cai yn troi aton ni yn y Quarry End i gofleidio'r gorfoledd a'r cariad i gyd, ac mi fyddwn ni hefo'n gilydd ar y Traeth.

Hefyd o'r Lolfa:

£4.00

£7.95

rhyddhau'r CRANC

Malan Wilkinson

y Lolfa

£7.99

ROBAT
GRUFFUDD
'Doniol, gwallgo, digyfaddawd'
Lolian
Dyddiadur Hanner Canrif
y lolfa

£9.99